Paris
1901

Vindry, Fleury

Les ambassadeurs français permanents au XVIe siècle

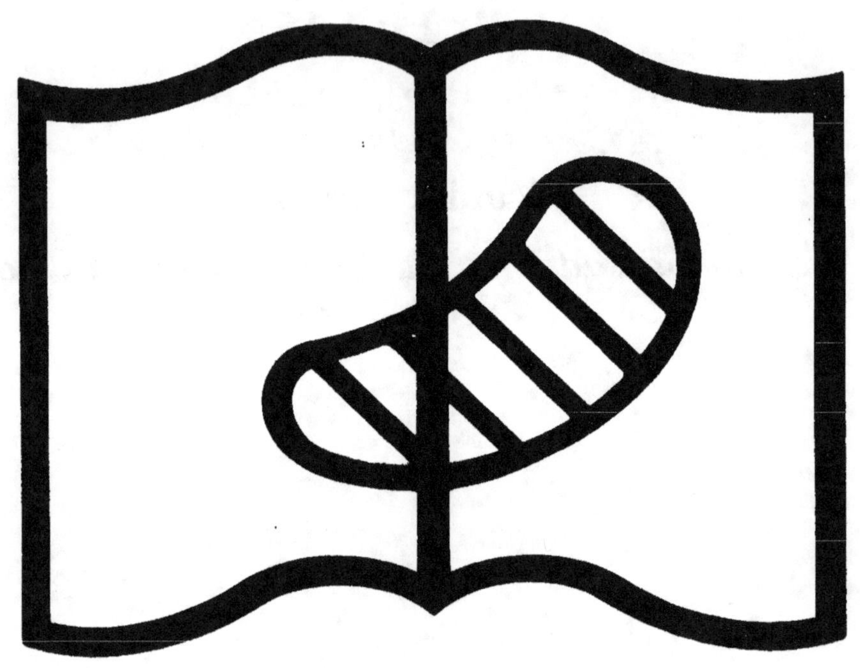

Symbole applicable
pour tout, ou partie
des documents microfilmés

Original illisible

NF Z 43-120-10

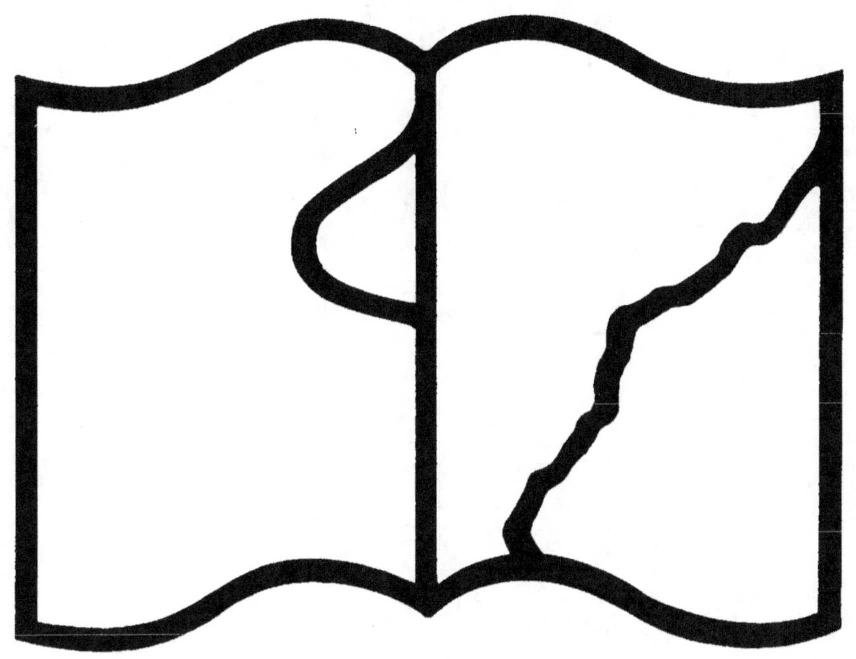

**Symbole applicable
pour tout, ou partie
des documents microfilmés**

Texte détérioré — reliure défectueuse

NF Z 43-120-11

PAUL MANSUY

FLEURY VINDRY

LES
Ambassadeurs Français

PERMANENTS

AU XVIe SIÈCLE

PARIS
H. CHAMPION
9, quai Voltaire

1903

FLEURY VINDRY

LES
Ambassadeurs Français

PERMANENTS

AU XVIe SIÈCLE

PARIS
H. CHAMPION
9, quai Voltaire
--
1903

A Monsieur le Comte BAGUENAULT DE PUCHESSE

Directeur de la *Revue d'Histoire diplomatique*

Hommage reconnaissant

F. V.

PRÉFACE

En 1833, M. Guérard publia une *Liste de tous les agents diplomatiques français auprès des puissances étrangères, depuis l'origine jusqu'en 1789*. Ce travail fut réédité par la *Société de l'Histoire de France* dans son *Annuaire de 1847*. En ce qui concerne le xvi⁰ siècle, les listes de M. Guérard sont pleines d'erreurs et de lacunes : un très grand nombre de noms d'ambassadeurs sont généreusement estropiés. De plus, l'auteur confond perpétuellement les ambassadeurs extraordinaires avec les ordinaires. Une revision s'imposait donc. Nous avons essayé, dans la mesure de nos moyens, de la faire. Malgré des recherches aussi minutieuses et étendues que possible, nos listes offrent encore des vides, que d'ultérieurs érudits combleront, à n'en pas douter. Toutefois, il nous paraît que la présente plaquette expose, à peu près complètement, l'état actuel de la question. Nous ne nous sommes occupés que des ambassadeurs *permanents* ou *ordinaires*, lesquels n'ont guère commencé à entrer en fonctions que sous le règne de François Iᵉʳ, vers les années 1520 à 1530. M. Armand Baschet, lui-même, reconnaît que l'on ne saurait considérer comme des ambassadeurs ordinaires et permanents les Denis Poillot[1] ou les Olivier de la Vernade[2]. Ce n'est guère que vers la fin du premier tiers du xvie siècle que le roi de France accrédite et entretient, auprès des puissances, d'une façon continue, des agents diplomatiques.

Nous avons joint, à notre essai de répertoire, des notices sur chaque ambassadeur, dressées suivant la méthode qui nous a déjà servi dans notre *Dictionnaire de l'Etat-Major français au xvie siècle*. Inutile de répéter que, comme nous l'avons déjà dit dans l'Avant-propos de ce dernier ouvrage, nous n'avons nullement la prétention d'être absolument complet et exact et que nous accueillerons avec plaisir et gratitude toutes rectifications et tous détails complémentaires que l'on voudra bien nous adresser.

Francheville, 1er août 1903.

[1] Denis Poillot, seigneur de Lailly, Ougny, né à Autun, avocat au grand Conseil, procureur général au Parlement de Dijon (1514, 18 déc. 1515), conseiller au grand Conseil (1516), ambassadeur en Angleterre (1522), maître des requêtes (11 juin 1522, 21 juill. 1527), président au Parlement (12 oct. 1526), mort le 19 décembre 1534, à Paris ; épousa Jeanne Mussel.

[2] Olivier de la Vernade, 2° fils de Jean de la Vernade, sieur de la Bastie, Marcuil, d'Espagny Wozaponin † entre 2 février et 2 juillet 1522, cons. d'Etat, chambellan (20 février-30 déc. 1521), ép. (22 juin 1499), Marguerite des Bois (testa 20 fév. 1521).

BIBLIOGRAPHIE

Les six grandes collections manuscrites généalogiques de la Bibliothèque Nationale
(*Pièces originales, Dossiers bleus, Carrés Hozier, Cabinet Hozier, Nouveau
Hozier, Chérin*).

Le P. Anselme, Moréri, Lachenaye-Desbois, d'Hozier, Saint-Allais, Pottier
de Courcy (continuateur du P. Anselme), *Gallia Christiana, Catalogue des
actes de François I^r*.

Edouard Rott, *Histoire de la représentation diplomatique de la France auprès des
cantons suisses*, 2 vol. in-4. Paris, 1901.

Le Glay, *Négociations de la France avec l'Autriche*, 2 vol. in-4. Paris, 1845.

Charrière, *Négociations de la France avec le Levant*, 4 vol. in-4. Paris, 1848.

De la Ferrière et Baguenault de Puchesse, *Correspondance de Catherine de
Médicis*, 8 vol. in-4. Paris, 1875-1899.

Louis Paris, *Négociations sous le règne de François II*, in-4. Paris, 1841.

Weiss, *Papiers d'Etat du cardinal de Granvelle*, 9 vol. in-4. Paris.

Poullet, *Correspondance du cardinal de Granvelle*, 3 vol. in-4. Bruxelles, 1877.
Continué par Piot : 8 vol. in-4. Bruxelles, 1884-1895.

Gachard, *La Bibliothèque nationale à Paris*, 2 vol. in-4. Bruxelles, 1875-1877,
ouvrage excellent, trop peu connu.

Berger de Xivrey et J. Guadet, *Lettres de Henri IV*, 9 vol. in-4.

C. Douais, *Dépêches de M. de Fourquevaux*, 2 vol. in-8. Paris, 1897-1901.

L. Didier, *Lettres et négociations de Claude de Montdoucet*, 2 vol. in-8, 1891-1892.

Henry et Loriquet, *Correspondance de Philibert Babou de la Bourdaisière*, in-8,
1859.

Laffleur de Kermaingant, *L'Ambassade de France en Angleterre sous Henri IV*,
2 vol. in-8. Paris, 1886.

Ribier : *Lettres et Mémoires d'Estat*, 2 vol., in-fol. Paris, 1666.

Baguenault de Puchesse, *Jean de Morvillier*, in-8. Paris, 1870.

De Brémond d'Ars, *Jean de Vivonne*, in-8. Paris, 1885.

Des Monstiers-Mérinville, *Jean des Monstiers*, in-8. Limoges, 1895.

De Noailles, *Négociations*, 1763, 5 vol. in-12. Paris (publ. par Vertot).

Léonard Bertaut, *l'Illustre Orbandale*, 2 vol. in-4, 1662. Chalon-sur-Saône.

G. Lefèvre-Pontalis, *Ambassade d'Odet de Selve en Angleterre*, in-8, Paris, 1888.

Hiver, *Papiers des Pot de Rhodes*, 1864, in-8. Paris.

Jean Zeller, *Guillaume Pellissier*, in-8. Paris, 1880.

Gabarra, *François de Noailles*, in-8. Dax, 1898.

Secousse, *Mémoires de l'Académie des Inscriptions*, t. XVII.

H. Raynaud, *Jean de Montluc*, in-8. Paris, 1893.

Ed. Frémy, *Un Ambassadeur libéral sous Charles IX et Henri III*, in-8, Paris, 1880.

Teulet, *Relations de la France avec l'Ecosse au XVI⁰ siècle*, 1862, 5 vol. in-8.

La Thaumassière, *Histoire de Berry*, in-fol. Bourges, 1669.

Fourquevaux, *les Vies de plusieurs grands capitaines français*, in-4. Paris, 1643.

I. Kaulek, *Correspondance politique de MM. de Castillon et Marillac*, in-8. Paris, 1885.

Camusat, *Mélanges historiques*, 1619, in-8, avec les *Négociations* de Pétremol et celles de Richer *(cf.* B. N. Impr. 8° Lg⁰ 4/1 et 8 L. 46/4).

Aubery, *Histoire des cardinaux*, 5 vol. in-4. Paris, 1642.

Pierre de Vaissière, *Charles de Marillac*, in-8. Paris, 1896.

Tamizey de Larroque, *Correspondance du cardinal d'Armagnac*, in-8. Paris, 1874. *Jacques de Germigny et le cardinal d'Armagnac*, in-8. Paris, 1883. — *Notes sur Jean de Montluc*, in-8. Paris, 1868.

Louis Pinvert, *Lazare de Baïf*, in-8. Paris, 1900.

Le Laboureur, *Mazures de l'Ile-Barbe* (édit. Guigue, 3 vol. in-4. Lyon, 1887). Edition des *Mémoires* de Castelnau.

Du Chesne, *Histoire de la maison des Chasteigners*, in-fol. Paris, 1634.

La Roque, *Histoire de la maison d'Harcourt*, 4 vol., in-fol. Paris, 1662.

Jacq. du Castel, *Recueil des voyages de M. de Brèves*, in-4, Paris, 1628.

De Courcelles, *Dictionnaire des pairs de France*, 12 vol. in-4. Paris, 1822-1823.

Histoire (anonyme) *de la maison de Grammont*, in-4 (B. N. Impr. Lm 3 1333).

Les Ambassades de Philbert du Croc (B. N. Impr. L⁰g 747), in-8 pièce.

A. Tausserat-Radel, *Correspondance politique de Guillaume Pellicier*. Paris, 1903.

Prévost-Paradol, *Ambassade de Hurault de Maisse en Angleterre*, in-8. Paris, 1855.

Fauvelet du Toc, *Histoire des secrétaires d'Etat*, in-4. Paris, 1668.

G. Hubault, *l'Ambassade de Michel de Castelnau en Angleterre*, in-8. Paris, 1856.

VITALIS : *Correspondance de D. du Gabre*. Paris, 1903.

Correspondance de Bertrand de Salignac, 7 vol. in-8. Paris et Londres, 1838-1840.

ARMAND BASCHET, *The 33e annual report of the deputy Keeper of the public records*, année 1878, pp. 578 et suiv.

BOURRILLY, *Ambassade de Jean de la Forest (Revue historique*, 1901).

GUY ALLARD, *Histoire de la famille de Saint-Marcel*

D'HOZIER, *Armorial (verbo* Beccarie-Rouer).

Vicomte DE CAYX-SAINT-AYMOUR, *Notes pour servir à l'hist. de la m. de Caix*, in-8. Paris, 1895, et sa préface du *Recueil des ambassades françaises en Portugal depuis la paix, de Westphalie.*

R. FRANCISQUE-MICHEL, *les Portugais en France et les Français en Portugal*, in-8. Paris, 1882.

Fonds Français. 3348, 3350, 3393, 4112, 4116, 20.153 (Lettres de Guillaume Ancel).

3198, 3627, 5796 (Lettres de Vulcob).

19.750 (Lettres de François de Dinteville).

16.127 (Lettres de Blatier).

6415 et N^{lles} acq. fr. 750 (Lettres de Seguier).

2812 (Lettres de Danzay).

7116 (Ambass. de Nicolas de la Croix).

Fr. 16.011 à 16.027 (Ambass. en Suisse).

7091, 7092, 7093 (Ambass. de Pétremol, Savary, Fr. de Noailles).

16.081, 16.089, 16.090, 16.091, 16.092, 16.093 (Ambass. d'Hurault de Maisse).

20.977, 20.979, 20.982 (Ambass. diverses).

15.917, 15.918, 15.919 (Ambass. de B. Bochetel et S. Fieschi [extraord.])

3955 (Ambass. de G. de Noailles).

17.842 (Ambass. de Marillac, de Selve, Fr. de Noailles).

15.971 (Ambass. de Bochetel-la Forest).

23.514, 23.515, 23.516, 23.517, 23.518, 23.519 (Ambass. diverses),

Cinq cents Colbert, 343, 344, 345, 366, 367, 368, 369, 370, 387, 388, 389, 390, 391, 392, 393, 394, 395, 397, 398, 468, 469, 482 (sur les ambass. de Babou la Bourdaisière, Ch. d'Angennes, la Rochepozay, du Ferrier, Hurault de Maisse, Seguier, Ch. de Marillac, B. Bochetel, J. de Vulcob, G. Ancel, le card. du Bellay, C. de Danzay, Fr. de Noailles).

TABLEAU DES AMBASSADEURS

ANNÉES	ANGLETERRE	ÉCOSSE	ESPAGNE	EMPEREUR	PAYS-BAS	ALLEMAGNE	ROME	SUISSE
1515	Robert de Bapaume (1).							
1516								
1517								
1518				La Rochebeau-court (3).				
1519				lt.				
1520				lt.				
1521								
1522								Louis Daugerant (4).
1523								lt
1524								t.
1525	Jean-Joachim Passano (7).					—		lt.
1526	lt.			Jean de Calvimont (8).				lt.
1527	J.-J. Passano (nov.). Jean du Bellay (9).			lt.				lt.
1528	lt.			lt.				lt.
1529	lt.			Charles du Solier (12) (1ᵉʳ nov.).	Gilles de la Pommeraye.			lt.
1530	J. du Bellay (janv.). J.-J. Passano.			lt.	lt.		Gabriel de Gramont (13).	lt.
1531	J.-J. Passano. Gilles de la Pommeraye (déc.).			Charles du Solier (15 août). Claude Dodieu.			François de Dinteville (14).	lt.
1532	Gilles de la Pommeraye (sept.). De Montpezat.			lt.			lt.	lt.
1533	Jean de Dinteville (16). Louis du Perreau (nov.) (17).			lt.			lt.	lt.

VENISE	TOSCANE	GRISONS	TURQUIE	PORTUGAL	GÊNES	DANEMARK	FERRARE	SAVOIE
Jean de Pins (2).								
It.								
It.								
It.								
It.								
It.				Honoré de Caix (5).				
				It.				
Louis de Canossa (6).				It.				
It.		Geoffroy de Grangis (4 bis).		It.				
It.		It.		It.				
Jean de Langeac (10).	Claude Dodieu (11).	It.		It.				
It.	It.	It.		It.				Louis des Barres (26).
It.	It.	It.		It.				It.
		It.		It.				
Lazare de Baïf (15).		It.		It.				
It.				It.				
It.				It.				

ANNÉES	ANGLETERRE	ÉCOSSE	ESPAGNE	EMPEREUR	PAYS-BAS	ALLEMAGNE	ROME	SUISSE
1534	Louis du Perreau (mars). Antoine de Castelnau (18).			It.			It.	It.
1535	It.			It.			Charles de Hémard (19).	L. Daugerant (nov.), Guillaume Maillard.
1536	A. de Castelnau (avril). Jean de Dinteville.			It.			C. de Hémard, G. de Selve. 18	G. Maillard (févr.), L. Daugerant (juill.), G. Maillard.
1537	Jean de Dinteville, Louis du Perreau (oct.).			It.			It.	G. Maillard (mai), Jean de Villars (oct), L. Daugerant.
1538	It.			Antoine de Castelnau.	Antoine de Hellin (25).		G. de Selve (mai), Louis Adhémar (27).	It.
1539	Louis du Perreau (oct.), Charles de Marillac.			A. de Castelnau. Georges de Selve (sept).	It.		L. Adhémar, Jean de Langeac. 10	It.
1540	It.			It.	It.		It.	It
1541	It.			It.			J. de Langeac. Georges d'Armagnac. 22	It.
1542	It.						It.	L. Daugerant, G. Maillard (sept.).
1543	Ch. de Marillac (mars).						It.	G. Maillard (févr.), L. Daugerant (mai), Antoine Morlet (33), J. de Villars (sept.), J. Merveilleux.
1544							It.	L. Daugerant (juill.), J. Merveilleux.
1545				Jacques Mesnage (53 *bis*).				J. Merveilleux (févr.), J. de Villars (mars), L. Daugerant (mars), J. de Villars (sept).
1546	Odet de Selve (juill.) (38 *bis*).			It.	Livio Crotto (35)			J. Merveilleux (mars), L. Daugerant (sept.), A. Morlet (nov.), Fr. de la Rivière.
1547	It.			It. Charles de Marillac.	It.		André Guillart (38). Fr. de Rohan (39).	F. de la Rivière (sep.), Guillaume du Plessis (42), L. Daugerant.

VENISE	TOSCANE	GRISONS	TURQUIE	PORTUGAL	GÊNES	DANEMARK	FERRARE	SAVOIE
L. DE BAÏF. G. DE SELVE (19).		▨	▨	It.				
It.		▨	JEAN DE LA FOREST (21).	It.			JEAN DE LAN-CHAC (févr.-déc.).	▨
G. DE SELVE. G. D'ARMAGNAC (22).		▨	It.	RAYMOND PÉLISSON (23).				▨
It.		J.-JACQ. DE CASTION.	J. DE LA FOREST, CH. DE MARILLAC (24).	It.				▨
G. D'ARMAGNAC. J.-J. PASSANO.		It.	CH. DE MARILLAC, ANTOINE DE RINCON (28).	It.				▨
J.-J. PASSANO. GUILLAUME PELLICIER (29).		▨	It.	It.				▨
It.		▨	A. DE RINCON. VINCENZO MAGGIO.	H. DE CAIX.				▨
It.		J.-JACQ. DE CASTION.	It.	It.		CHRISTOPHE RICHER (30).		▨
G. PELLICIER. JEAN DE MONTLUC (31).		It.	ANTOINE ESCALIN (32).	It.		It.		▨
JEAN DE MONTLUC.		It.	GABRIEL DE LUELS (34).	It.		It.		▨
		It.	It.	It.		It.		▨
		It.	It.	It.		It.		▨
JEAN DE MORVIL-LIER (36).		It.	G. DE LUELS. JACQUES DE CAM-BRAY (37).	It.		It.		▨
It.		It.	JACQUES DE CAM-BRAY, G. DE LUELS.	It.		It.		▨

ANNÉES	ANGLETERRE	ÉCOSSE	ESPAGNE	EMPEREUR	PAYS-BAS	ALLEMAGNE	ROME	SUISSE
1548	It.	Henri Clutin (40).		It.			F. de Rohan. Claude d'Urfé (41).	It.
1549		It.		It.			It.	L. Daugerant (févr.) G. du Plessis.
1550	Jean Pot (avril) (43).	It.		It.	Sébastien de Laubespine (44).		It.	Guill. du Plessis († 19 nov.). J. Merveilleux.
1551	J. Pot (juill.). Claude de Laval (45).	It.		It.	It.		It.	J. Merveilleux (févr.). A. Morlet.
1552	It.	It.				Jean des Monstiers (46).		A. Morlet († 27 oct 1552) (à Bâle). S. de Laubespine.
1553	Cl. de Laval (mai). Antoine de Noailles (47).	It.						It.
1554	It.	It.					Odet de Selve. 38 bis	S. de Laubespine (1 oct.). Bernardin Bochete (49).
1555	It.	It.					O. de Selve. Jean de Saint-Marcel (53).	It.
1556	A. de Noailles (mai). Gilles de Noailles (51) (sept.). François de Noailles (52).	It.		Sébastien de Laubespine.			It.	It.
1557	François de Noailles.	It.					J.-P. de Selve (54).	B. Bochetel (sept.) Hugues Clerc (nov.) B. Bochetel.
1558		It.					J.-P. de Selve (avril). Philibert Babou (56).	B. Bochetel (mai). Mathieu Coionet (57).
1559	Gilles de Noailles (mai).	It.	Sébastien de Laudespine.	Bernardin Bochetel. (ev. de Rennes)	Jacques Bochetel (58).		It.	It.
1560	G. de Noailles (févr.). Michel de Seurre.		It.	It.	It.		It.	M. Coionet (mars). H. Clerc. (juin) M. Cuignet.
1561	It.		It.	It.	It.		Ph. Babou, Gilles de Noailles (juin). 51	M. Coionet (août). Petermann de Clér

VENISE	TOSCANE	GRISONS	TURQUIE	PORTUGAL	GÊNES	DANEMARK	FERRARE	SAVOIE
It.		It.	It.	It.				
It.		It	It.	It.				
J. DE MORVILLIER. O. DE SELVE.		It.	It.	It.				
It.		It.	It.	It.				
It.		It.	It.	It.				
It.		J.-J. DE CASTION († à Haldenstein). JEAN DES MONSTIERS.	It.	It.			DOMINIQUE DU GABRE.	
O. DE SELVE. DOMINIQUE DU GABRE.		J. DES MONSTIERS (déc.). LOUIS DE SALAZAR (50).	JEAN DE COTIGNAC.	It.			It.	
It.		It.	It.	It.				
It.		It.	It.	It.				
D. DU GABRE (sept.), FRANÇOIS DE NOAILLES.		It.	JEAN DE LA VIGNE (55).	It.				
It.		L. DE SALAZAR (mars). J.-JACQ. DE CAMBRAY.	It.	It.				
It.		It.	J. DE LA VIGNE (sept). JEAN DOLU (59).	MICHEL DE SEURRE (60).	JEAN HURAULT (61).			
It.		J.-JACQ. DE CAMBRAY (août). GRÉGOIRE CARLI et CHRISTIAN GREDIO.	It.	M. DE SEURRE, JEAN NICOT (62).	It.			
F. DE NOAILLES (mai). JEAN HURAULT.		It.	JEAN DOLU († 9 juillet). ANTOINE DE PETREMOL (63).					

ANNÉES	ANGLETERRE	ÉCOSSE	ESPAGNE	EMPEREUR	PAYS-BAS	ALLEMAGNE	ROME	SUISSE
1562	M. de Seurre (févr.). Paul de Carmain-Foix (64).		S. de Laubespine (mai). Jean d'Ebrard (65).	It.	It.		It.	P. de Cléry (mars). M. Coignet (juillet). Diego de Mendoza. P. de Cléry.
1563	It.		It.	It.	Jean Testu (67).		It.	P. de Cléry (janv.). Guillaume Tugginer (68). Nicolas de la Croix (69).
1564	It.		It.	It.	It.		G. de Noailles (mars). Henri Clutin.	N. de la Croix (févr.). Balthazar de Crassier (avril). N. de la Croix.
1565	It.		J. d'Ebrard (octobre). Raymond de Rouer (73).	It.	It.		It.	It.
1566	P. de Carmain (juill.). Jacq. Bochetel.	Philibert du Croc (74).	It.	It.	Jean Ferey (75).		H. Clutin († 22 juillet). Just de Tournon (76).	N. de la Croix (mars). Pomponne de Bellièvre.
1567	It.	It.	It.	It.	It.		It.	It.
1568	Jacq. Bochetel (nov.). Bertrand de Salignac (79).		It.	It.	J. Ferey (juin). François Rougier (80).		J. de Tournon († 16 août). Charles d'Angennes (81).	It.
1569	It.		It.	It.	It.		It.	It.
1570	It.		It.	Jean de Vulcob (82).	It.		It.	P. de Bellièvre (mars). B. de Crassier et Jacques Vigier (oct.). P. de Bellièvre.
1571	It.		It.	It.	F. Rougier (mars). Claude de Montdoucet (83).		Ch. d'Angennes. François Rougier.	P. de Bellièvre (janvier). François Gaudart (84).
1572	It.	It.	R. de Rouer (avril). Jean de Vivonne (85).	It.	It.		It.	It.
1573	It.	It.	It.	It.	It.		It.	F. Gaudart (9 févr.). Jean de Bellièvre (86).

VENISE	TOSCANE	GRISONS	TURQUIE	PORTUGAL	GÊNES	DANEMARK	FERRARE	SAVOIE
It.		It.	It.	It.				
It.		It.	It.	It.				
J. Hurault (mars). Arnaud du Ferrier (70).		G. Carli et C. Gredio (avril). P. de Bellièvre (juin). B. de Crassier (sept.). P. de Bellièvre (71).	It.	It.		Charles de Danzay (72).		
It.		It.	A. de Pétremol (oct). Bonnet.	It.		It.		
It.		Pierre-de Grantrye (77) (juill.). B. de Crassier (nov.). P. de Grantrye.	Guillaume de Grantrye (78).	It.		It.		
A. du Ferrier. Paul de Carmain.		It.	It.	It.		It.		
It.		It.	It.	It.		It.		
It.		It.	It.	It.		It.		
It.		It.	Guill. de Grantrye. De la Tricquerie (87).	It.		It.		
Arnaud du Ferrier.		It.	It.	It.		It.		
It.		It.	De la Tricquerie (mars). François de Noailles.	It.		It.		
It.		P. de Grantrye (12 juill.). Jean Grangier (86).	It.	It.		It.		

ANNÉES	ANGLETERRE	ÉCOSSE	ESPAGNE	EMPEREUR	PAYS-BAS	ALLEMAGNE	ROME	SUISSE
1574	Id.		Id.	Id.	Id.		Id.	Id.
1575	B. DE SALIGNAC (sept.). MICHEL DE CASTELNAU (89).		Id.	Id.	Id.		Id.	Id.
1576	Id.		Id.	JEAN DE VULCOB (oct.). GUILLAUME ANCEL (90).	Id.		LOUIS CHASTEIGNER (91).	Id.
1577	Id.		Id.	Id.	Id.		Id.	Id.
1578	Id.		Id.	Id.	CL. DE MONTDOUCET (août).		Id.	Id.
1579	Id.		Id.	Id.			Id.	J. DE BELLIÈVRE (mai). NICOLAS DE HARLAY (93).
1580	Id.		Id.	Id.	CLAUDE BLATIER (95).		Id.	N. DE HARLAY (déc.). B. DE CRASSIER.
1581	Id.		Id.	Id.	Id.		L. CHASTEIGNER. PAUL DE CARMAIN.	B. DE CRASSIER (déc.). J. VIGIER.
1582	Id.		Id.	Id.	Id.		Id.	J. VIGIER (janv.). B. DE CRASSIER (mai). HENRI CLAUSSE (96).
1583	Id.		J. DE VIVONNE, DE LONGLÉE (98).	Id.	Id.		Id.	Id.
1584	Id.		Id.	Id.	C. BLATIER (mai).		PAUL DE CARMAIN († 29 mai). JEAN DE VIVONNE.	Id.
1585	M. DE CASTELNAU (sept.). GUILLAUME DE LAUBESPINE (99).	Bⁿ D'ESNEVAL (100).	Id.	Id.			Id.	Id.
1586	Id.	D'ESNEVAL (sept.). DE COURCELLES.	Id.	Id.			Id.	H. CLAUSSE (mai). J. VIGIER (juill.). B. DE CRASSIER.

64

VENISE	TOSCANE	GRISONS	TURQUIE	PORTUGAL	GÊNES	DANEMARK	FERRARE	SAVOIE
It.		It.	F. de Noailles (oct.). Gilles de Noailles.	It.		It.		
It.		It.	It.	It.		It.		
It.		It.	It.			It.		
It.		It.	It.			It.		
It.		Jean Florin.	G. de Noailles (févr.). Sébastien Juyé (92).	Urbain de Saint-Gelais (112).		It.		
It.		It.	S. Juvé (sept). Jacques de Germigny (94).			It.		
It.		J. Florin (oct.). J. Grangier.	It.			It.		
It.		J. Grangier (janv.). J. Florin.	It.			It.		
A. du Ferrier (nov.). André Hurault (97).		J. Florin (mai). J. Grangier (août). J. Florin.	It.			It.		
It.		J. Florin (juill.). J. Grangier.	It.			It.		
It.		J. Grangier (avril). J. Florin (oct.). J. Grangier.	J. de Germigny (août). Berthier.			It.		
It.		J. Florin (mars). J. Grangier (avril). J. Florin.	It.			It.		
It.		It.	Berthier (avril). Jacques Savary (101).			It.		

ANNÉES	ANGLETERRE	ÉCOSSE	ESPAGNE	EMPEREUR	PAYS-BAS	ALLEMAGNE	ROME	SUISSE
1587	It.	It.	It.	It.			It.	B. de Crassier (août). Nicolas Brûlart (102).
1588	It.	De Courcelles (mars).	It.	It.			It.	It.
1589	It.		De Longlée (15 mai).	It.			Jean de Vivonne (26 mai).	It.
1590	G. de Laubespine, Jean de la Fin (104).			It.				It.
1591	It.			It.				It.
1592	It.			It.	Paul Choart (113)			It.
1593	It.			It.	It.			It.
1594	It.			It.	It.			It.
1595	J. de la Fin, R. de la Fontaine (106).			It.	It.			M. Brûlart (juill.). Jacq. Vigier et Jean Wallier.
1596	R. de la Fontaine, Antoine de Moret, sr du Réau (107).			It.	It.			It.
1597	It.			It.	It.			J. Vigier et J. Wallier (juill.). François Hotman (108).
1598	Jean de Thumery (109).			It.	It.			It.
1599	It.			It.	It.			It.
1600	It.			It.	It.			F. Hotman († 28 mai). J. Vigier et J. Wallier. Méry de Vic (août) (111).

VENISE	TOSCANE	GRISONS	TURQUIE	PORTUGAL	GÊNES	DANEMARK	FERRARE	SAVOIE
It.		J. Florin (sept.). J. Grangier (sept.). J. Florin.	It.			It.		
André Hurault (sept). François Hurault (103).		J. Florin (mars).	It.			It.		
Fr. Hurault (juin). A. Hurault.			It.			It.		
It.			It.					
It.			J. Savary. Fr. Savary (105).					
It.			It.					
It.			It.					
It.			It.					
It.			It.					
A. Hurault (juillet).			It.					
			It.					
Antoine Séguier (110).			It.					
It.			It.					
It.			It.					

TABLEAU DES SECRÉTAIRES D'ÉTAT

ANNÉES				
1547 à 1557	Cosme Clausse (1).	Guillaume Bochetel (2).	Claude de Laubespine (3).	Jean du Thier (4).
1558	Florimond Robertet (5).	Jacques Bourdin (6).	It.	It.
1559	It.	It.	It.	Florimond Robertet (7).
1560 à 1566	It.	It.	It.	It.
1567	Simon Fizes (22 oct.) (8).	Claude de Laubespine (9).	Nicolas de Neufville (25 oct.) (10).	It.
1568	It	It.	It.	It.
1569	It.	It.	It.	Pierre Brûlart (11).
1570	It.	Claude Pinart (13 sept.) (12).	It.	It.
1571 à 1579	It.	It.	It.	It.
1580 à 1587		It.	It.	It.
1588	Martin Ruzé (13).	Claude Pinart (8 sept.), Louis de Revol (15 sept.) (14).	It. (jusqu'au 8 sept.).	It. (jusqu'au 8 sept.).
1589 à 1593	It.	It.	Louis Potier (15).	Pierre Forget (16).
1594	It.	It. (jusqu'au 23 sept.). Nicolas de Neufville (30 sept.).	It.	It.
1595 à 1600	It.	It.	It.	It.

TABLEAU DES SECRÉTAIRES D'ÉTAT

ANNÉES				
1547 à 1557	Cosme Clausse (1).	Guillaume Bochetel (2).	Claude de Laubespine (3).	Jean du Thier (4).
1558	Florimond Robertet (5).	Jacques Bourdin (6).	It.	It.
1559	It.	It.	It.	Florimond Robertet (7).
1560 à 1566	It.	It.	It.	It.
1567	Simon Fizes (22 oct.) (8).	Claude de Laubespine (9).	Nicolas de Neufville (25 oct.) (10).	It.
1568	It	It.	It.	It.
1569	It.	It.	It.	Pierre Brûlart (11).
1570	It.	Claude Pinart (13 sept.) (12).	It.	It.
1571 à 1579	It.	It.	It.	It.
1580 à 1587	/////	It.	It.	It.
1588	Martin Ruzé (13).	Claude Pinart (8 sept.). Louis de Revol (15 sept.) (14).	It. (jusqu'au 8 sept.).	It. (jusqu'au 8 sept.).
1589 à 1593	It.	It.	Louis Potier (15).	Pierre Forget (16).
1594	It. ?	It. (jusqu'au 23 sept.). Nicolas de Neufville (30 sept.).	It.	It.
1595 à 1600	It.	It.	It.	It.

NOTICES

AMBASSADEURS

(1) Robert de BAPAUME, conseiller clerc (31 oct. 1507), puis président au Parlement de Rouen, destitué sans jugement en 1512, rétabli par François Ier à son avènement, amb. en Angleterre. Il était d'origine normande.

(2) Jean de PINS, né à Toulouse, 2e fils de Bertrand de Pins et d'Esclarmonde de Saman, mariés le 8 juillet 1443, étudia à Toulouse, Paris, Poitiers, Bologne, cons. clerc au Parl. de Toulouse (1512, 1er sept. 1520), abbé de Moissac, né avant le 4 nov. 1483, amb. à Rome, à Venise, prêtre (1497), év. de Pamiers (1520), de Rieux (1523) † 1er nov. 1537, à Toulouse.

(3) Jean de la ROCHEBEAUCOURT, sieur de Semissac, le Groulet, sénéchal de Saintonge (3 nov. 1520-21 avril 1522), gouv. de Saintonge (26 janv. 1529-30 déc. 1545), gouv. de Saint-Jean-d'Angely (26 janv. 1529-21 avril 1532), cons. d'Etat et chambellan (21 avril 1532), amb. ord. et extr. près de Charles-Quint, (25 oct. 1518-27 févr. 1520), fils aîné de Jean de Rochebeaucourt et de Marguerite de Puyvigier, testa 30 décembre 1545, ép. Marguerite de Mareuil.

(4) Louis DAUGERANT, sieur de Boisrigault, baron de la Garde de Bort, maître d'hôtel du roi, commissaire de la taille en Auvergne (12 déc. 1526-16 janv. 1535), cons. d'Etat, gouv. d'Usson (16 nov. 1526-1er juillet 1546).

(4bis) Geoffroy TAVELLI, sieur de Grangis, la Bussière, Avallon, Villecombe, originaire d'Asti, naturalisé (12 juillet 1531), mourut le 18 juillet 1540.

(5) Honoré de CAIX, était d'origine provençale.

(6) Louis DE CANOSSA, évêque de Bayeux (sept. 1516) † 1532, né à Vérone, fils de Barthélemy de Canossa et de Jeanne degli Uberti, fut d'abord (1515) évêque de Tricario (Ughelli, *Italia Sacra*. VII. 155).

(7) Jean-Joachim PASSANO, sieur et baron de Vaux (1520), fils de Nicolas Passano, d'origine génoise, amb. de Gênes près le duc d'Urbin, puis à Rome, cap.

gén. des galères de Gênes et de celles du Pape, pris par les Turcs, général adjoint de l'armée génoise, grand maître de la maison de Louise de Savoie, comte de Carinola, maître d'hôtel du roi, maître d'hôtel de la reine mère (15-28 févr. 1531) commiss. gén. de l'armée de Lautrec (sept. 1527-juin 1528), amb. en Angleterre (29 janv. 1530, fin janv. 1531). Il se retira à Gênes, où on lui éleva une statue de son vivant. Il y mourut en mars 1552. Il ép. Catarina Sauli. Ce célèbre diplomate, dont G. Jacqueton *(la Politique de Louise de Savoie* (thèse de l'Ecole des Chartes, 1889) s'est occupé en passant, a joué un grand rôle en son temps. Nous l'admettons parmi les amb. *ordinaires* un peu par tolérance et à cause des séjours réitérés et prolongés qu'il fit en Angleterre. M. Bourrilly regrettait récemment, dans un excellent travail *(le Règne de François Ier,* 1903) que personne n'eût songé à étudier à fond la vie et les travaux de ce personnage.

(8) Jean de CALVIMONT, fils de Jean de Calvimont et d'Anne du Puy-la-Jarte, mariés le 1er mai 1499, sieur de l'Herm, la Double, Plazac, vicomte de Roussille, amb. à Rome (1512), Genève (1514), cons. au Parlt. de Bordeaux (29 août 1511-25 août 1518), maître des requêtes au Parlement de Paris (14 déc. 1523, 20 avril 1524), 2° président au Parlement de Bordeaux (23 juillet 1533-10 avril 1534), amb. auprès de Charles-Quint. Il testa le 31 janv. 1557 et vivait encore, le 9 mars 1563. Il ép. (1522) Marguerite de Talleyrand (vivante 6 février 1552), puis (20 avril 1555) Marguerite de Farges (viv^{te} 5 fév. 1561).

(9) Jean du BELLAY, fils de Louis du Bellay et de Marguerite de la Tour-Landry, né en 1492, mort à Rome, le 16 février 1561, abbé de Saint-Gildas, Saint-Maur-les-Fossés, Savigny, Citeaux (7 mars 1534), Saint-Florent, Saint-Honorat-de-Lérins (1532-1547), évêque de Bayonne (1526-1531), Paris (20 sept. 1532-15 mars 1550), Le Mans (1546-1556), Limoges (22 août 1541-1546), archev. de Bordeaux (1544-16 février 1561), cons. d'Etat, card. (21 mai 1535) év. d'Ostie, gouv. de Paris (1537), amb. en Angleterre, poète latin et diplomate illustre. Le cardinal, dont M. Bourrilly va publier incessamment la correspondance, a écrit une *Apologie* et des *Harangues* (latines) pour François Ier (1542, in-8°-1549, in-8°).

(10) Jean de LANGEAC, fils de Tristan de Langeac et d'Anne d'Alègre, mariés le 27 mars 1475, chan. de Brioude (28 sept. 1501), maître des requêtes (8 déc. 1527-26 février 1538), abbé de Saint-Gildas des-Bois (1517-déc. 1529), Vordres, Pibrac, Saint-Augustin, les Escharlis, prévôt de Brives, cons. au grand Conseil (1516), abbé de Saint-Lô (1503), amb. en Portugal (1516), Pologne (1519), Hongrie, Venise (6 juin 1528-23 avril 1529), Ferrare (1er février-31 déc. 1535), Ecosse, Angleterre, Suisse (12 sept. 1531), Rome (9 sept. 1539- 7 juillet 1540),

év. d'Avranches (9 sept. 1526), év. de Limoges (22 juin 1533-27 juillet 1541), † 27 juillet 1541.

(11) CLAUDE DODIEU, 2ᵉ fils de Jacques Dodieu, sieur de Velly, Rivas, prieur de Ramerupt, abbé de Saint-Riquier, amb. à Piombino et en Toscane (26 juin 1527-31 août 1529), cons. au Parl. de Paris (30 juillet 1524), maître des requêtes (22 mars 1529-31 déc. 1556), amb. extr. en Angleterre (1527), maître des requêtes de Bretagne (26 sept. 1534-9 août 1536), év. de Rennes (1541-1558), amb. en Allemagne et à Rome, naquit à Lyon et mourut à Paris, le 14 sept. 1558.

(12) CHARLES DU SOLIER, sieur de Morette, Châtillon-sur-Indre, page de Charles VIII, fils d'Ubertin du Sollier, naquit en 1480, mourut en 1552, à Paris. Il fut chev. de l'O., commiss., des g. (1509-6 juillet 1514), fut à l'expéd. de Naples (1494), naturalisé (1522), gent. de la Ch. (6 fév. 1521-26 juillet 1533), fut à l'affaire de Villafranca (1515), à Marignan, lieut. gén. de l'armée de mer de Lautrec (2 sept. 1528), président à la Ch. des comptes (14 mai 1528-20 août 1529), amb. extr. en Angleterre (10 mars 1528) traita avec l'évêque de Monaco de la reddition de cette place (31 déc. 1528), fut gouv. de Turin (11 avril 1535), gouv. des Tournelles, à Paris. Il ép. N.   , puis Silvie de Pont.

(13) GABRIEL DE GRAMMONT, 4ᵉ fils de Roger de Grammont et d'Eléonore de Béarn-Gerderest, cons. au grand Conseil (26 janv. 1527) maître des requêtes (31 août 1528-15 janvier 1530), évêque de Conserans (1520-1524), Tarbes (19 juill. 1524-1534), Poitiers (1532-1534), arch. de Bordeaux (14 juill. 1529-1530), cons. d'Etat (27 janv. 1527-juin 1529), amb. extr. près de Charles-Quint (20 juin 1527-30 juin 1528), cardinal (16 mars 1530), mort le 24 mars 1534, à Balma, près Toulouse.

(14) FRANÇOIS DE DINTEVILLE, fils de Gaucher de Dinteville et d'Anne du Plessis-Ouschamps, né à Paris, le 26 juillet 1498, à 6 h. du matin, mort le 27 sept. 1554, amb. à Rome (27 août 1531-31 janv. 1534), abbé de Montiérender, Montier-la-Celle, év. d'Auxerre (4 mai 1530-27 sept. 1554).

(15) LAZARE DE BAIF, fils ou, selon du Chesne *(Hist. de la maison des Chasteigners)*, neveu de Jean de Baïf et de Marguerite Chasteigner, né au château de Pins, près la Flèche, vers 1496, abbé de Charroux, Genetière, prof. de droit à l'Université d'Angers, ambass. en Allemagne (1539-16 mai 1540), cons. au Parlement de Paris (27 mars 1533), maître des requêtes (16 mai 1540-29 sept. 1544), amb. à Venise (15 janv. 1531-15 janv. 1534), amb. en Allemagne (1539-16 mai 1540), cons. d'Etat, chargé des aliénations du domaine royal en Poitou (29 sept.

1544-20 fév. 1547), et Languedoc (23 sept. 1544), vivant encore, le 31 mars 1547,
fut père du célèbre poète Jean-Antoine de Baïf. Très lettré lui-même, il traduisit
en vers, *Electre*, de Sophocle (1537), *Hécube*, d'Euripide (1550), publia un *De re
vestiaria* (1526), *De re navali* (1536).

(16) JEAN DE DINTEVILLE, sieur de Polisy, bailli de Troyes, chev. de l'O., gent.
du duc d'Orléans, 3ᵉ fils de Gaucher de Dinteville et d'Anne du Plessis-Ouschamps,
échanson du Dauphin (23 avril-23 août 1530), amb. en Angleterre, né le 21 septembre 1504, mourut en 1555, à Polisy.

(17) LOUIS DU PERREAU, sieur de Castillon, Villiers, Lespinay, Thénar, les
Orieux, Marcheville, fils de Jean du Perreau et de Madeleine Laurens, grand veneur
et grand maître des eaux et forêts de Bretagne, gouv. de Guérande, maître d'hôtel
d'Eléonore d'Autriche, né avant 29 mai 1490, chan. de Liège (1ᵉʳ juillet 1517),
gent. de la Ch. (18 mars 1528-10 oct. 1539). Il mourut avant le 12 sept. 1553,
Il ép. (5 mars 1527), Anne de Saint-Marsault, veuve de Jean de Lespinay, puis
Jacqueline de Rosserswalle (vivᵗᵉ 11 août 1554), hollandaise.

(18) GEORGES DE SELVE, évêque de Lavaur (1526-12 avril 1542), 2ᵉ fils de
Jean de Selve et de Cécile de Buxis, mariés le 18 janvier 1503, chan. de Chartres
(24 août 1522), amb. à Venise, Rome, Angleterre, Espagne, né en 1506, mort le
12 avril 1542.

(19) CHARLES DE HÉMARD, fils de Pierre de Hémard et de Jeanne de Fremière,
mariés le 24 juin 1492, né en 1493, abbé de Saint-Paul-de-Chartres, Saint-Aubin-
d'Angers, prieur de Caumont, de Chesne près Arcis-sur-Aube (6 janv. 1530), cons.
au grand Conseil (6 janv. 1530), évêque de Mâcon (20 nov. 1531-9 déc. 1538),
Amiens (9 déc. 1538), cardinal (22 déc. 1536), mort le 23 août 1540, à Amiens.

(20) ANTOINE DE CASTELNAU, fils aîné de Louis de Castelnau et de Suzanne
de Grammont, amb. en Angleterre (fév.-mars 1538), maître des requêtes, cons.
au grand Conseil, amb. en Espagne, mort avant le 14 oct. 1539, fut év. de
Tarbes (1534-1539).

(21) JEAN DE LA FOREST, originaire d'Auvergne, lié avec Guillaume Budé et le
cardinal Aléandri, étudia en Italie, fut secrét. du card. du Prat (1524), chargé
d'une mission à Rome (1526), polyglotte distingué, publia la traduction d'un
ouvrage de Bartoloméo Cavalcanti (Paris, Galiot du Pré, 1530), fut abbé de Saint-
Pierre-le-Vif-lès-Sens. Il mourut le 9 sept. 1537.

(22) GEORGES D'ARMAGNAC, baron de Caussade, fils aîné de Pierre d'Armagnac

et de Yolande de la Haye, né en 1501, év. de Rodez (1529-1562), Vabres (1536-1553), amb. à Venise (19 sept. 1536), Rome (1539), cardinal (19 sept. 1544), arch. de Toulouse (21 déc. 1562-1577), év. de Lescar (1555-1556), abbé de la Clarté-DIEU, Aurillac, Conques, archev. d'Avignon, mort le 21 juillet 1585, à Avignon.

(23) RAYMOND PELLISSON, maître des requêtes (6 mai 1545), 1er présid. Parl. Savoie (7 oct. 1555-16 juillet 1556). C'était le bisaïeul de l'écrivain.

(24) CHARLES DE MARILLAC, 4e fils de Guillaume de Marillac et de Marguerite Genest, né en Auvergne, entre 1510 et 1513, avocat au Parlement de Paris, amb. intérimaire à Constantinople, cons. au Parl. de Paris, amb. en Angleterre, abbé de Saint-Pierre-de-Melun, maître des requêtes (nov. 1541-1557), amb. en Allemagne, év. de Vannes (20 oct. 1550-24 mars 1557), plénipotentiaire à Marcq (1555), archev. de Vienne (24 mars 1557-2 déc. 1560), amb. à Rome (1558), à la diète d'Augsbourg (1559), député aux Etats-généraux (1560). Il mourut le 2 déc. 1560, à Saint-Pierre-de-Melun.

(25) ANTOINE DE HELLIN, cons. au Parlement de Paris (27 fév. 1522-22 mai 1540), amb. près de Charles-Quint (22 mai 1540), mort avant le 5 mars 1547, ép. Catherine de Lapostolle-Margençy († entre 22 oct. 1551 et 15 déc. 1556).

(26) LOUIS DES BARRES, fils de Jacques des Barres et de Jeanne d'Estouteville, né avant le 29 mai 1500, gouv. de la Réole (25 fév. 1502-15 fév. 1507) et Pontorson (4 mai 1521-8 mai 1523), sieur de Neufvy-sur-Allier, maître-d'hôtel du roi (11 mars 1519-26 nov. 1526), amb. en Savoie (1er janv. 1527-31 juin 1528).

(27) LOUIS-ADHÉMAR DE MONTEIL-GRIGNAN, ch. de l'O., amb. à Rome (23 nov. 1538-8 mai 1539), 2e fils de Gaucher Adhémar et de Diane de Montfort, mariés le 29 nov. 1450 (?), lieut. gén. en Provence (1541), gouv. de Marseille, surintendant de la flotte du Levant, cons. d'Etat, gent. de la Ch., ch. d'honneur de la Dauphine et des filles de François Ier, comte de Grignan (1558), mort à la fin de 1558, lieut. gén. en Forez, Lyonnais, Beaujolais, Marche, ép. (4 oct. 1504) Anne de Saint-Priest-Saint-Chamond.

(28) ANTOINE DE RINCON, sieur de Germolles, amb. extr. en Hongrie (31 mars 1529-28 fév. 1530), cons. d'Etat, chambellan (8 janv. 1532), mort assassiné, le 3 juillet 1541, en Lombardie, par ordre de del Vasto.

(29) GUILLAUME PELLICIER, fils de Milan Pellicier et de Maritonne Garnier, né vers 1490, à Mauguio, évêque de Maguelonne (21 mars 1526-20 oct. 1529),

Montpellier (1536), abbé des Escharlis (1541), Lérins (1548), maître des requêtes, amb. à Venise (30 juin 1539-sept. 1524), mourut, le 25 janvier 1568, au château de Montferrand.

(30) CHRISTOPHE RICHER, fils de Nicolas Richer, né en 1514, à Thorigny (Yonne), secret. du chancelier Poyet, valet de chambre du roi, maître des requêtes de la reine, voyagea à Constantinople et au Levant, amb. en Danemark (juin-19 nov. 1541), Suède, Danemark (1544-6 nov. 1546), mourut le 24 mars 1553. Il ép. Marie de Scudoroze, jeune danoise noble. Il publia : *De rebus Turcorum*, 1540, in-4°. Ses *Négociations* ont été publiées par Nicolas Camusat (1619, in-8°, Troyes).

(31) JEAN DE MONTLUC-LASSERAN-MASENCOMME-MONTESQUIOU, 2° fils de François de Montluc et de Françoise d'Estillac, né entre 1500 et 1508, dominicain, attaché d'amb. à Rome (1524), protonotaire (1536), envoyé en Levant (1536), à Venise (1543), amb. à Constantinople (1545), en Ecosse (1548), évêque de Valence et Die (1553-12 avril 1579), amb. en Ecosse (1560), Pologne (1572), mourut, le 12 avril 1579, à Toulouse. Il fut père du maréchal de Balagny. Il fut soupçonné d'hérésie.

(32) ANTOINE ESCALIN DES AIMARS, dit le capitaine Paulin, baron de la Garde, soldat de fortune, favori de Guillaume du Bellay-Langey, valet d'armée, arquebusier, amb. en Turquie (juillet 1541 et 1ᵉʳ mai-19 oct. 1544), gén. des galères (23 avril 1544), destitué, réintégré (1551), destitué à nouveau, rétabli (1566), ch. de l'O., marquis de Brégançon, compromis dans l'affaire des Vaudois de Cabrières et Mérindol, emprisonné pendant trois ans, gouv. de Château-Dauphin (1544), cons. d'Etat, chambellan, lieut. gén. en Provence, se distingua pendant les guerres de Corse et de Toscane, fut cap. de gend. Homme de mer illustre, il se distingua spécialement au combat naval du 15 août 1545, contre la flotte anglaise. Né avant 1498, il mourut à la Garde, le 30 mai 1578. Accusé de malversations, il prouva son innocence en faisant remarquer que les pièces sur lesquelles on basait l'accusation étaient écrites sur du papier de la manufacture de Brignoles, créée longtemps après les faits dont on l'accusait.

(33) ANTOINE MORLET DU MUSEAU, sieur de la Marcheferrière, Bourjeau, fils de Morlet du Museau et de Marie Saligot du Monceau, trés. des Ligues Grises (20 mars 1526-20 juillet 1531), secrét. de la Ch. du roi, amb. en Suisse, † à Bâle, le 22 oct. 1552, ép. (1528) Claude Buyer († 1568).

(34) GABRIEL DE LUELS, baron d'Aramon, gentilhomme méridional, qui, à demi ruiné, s'occupa de commerce avec l'Orient et devint notre amb. auprès du Sultan.

Né à Nîmes, il fut, jusqu'en 1542, attaché à la petite cour de la Mirandole. Une relation de ses voyages a été publiée par son secrétaire, Jean Chesneau (Du Puy, 40). Il vivait encore, le 18 juin 1555 *(Cf.* L. Delisle : *Catal. de la coll. de Bastard)*. Il fut marquis des Iles d'Or, gent. de la Ch. du roi; il ép. N.   de Montcalm. Il est peu d'illustres personnages dont l'origine et la personnalité soient moins connues. Son nom lui-même a été orthographié de mille façons différentes : *Luilz, Luis, Luez, Luetz,* etc.

(35) Livio CROTTO, comm. des g., gouv. de Melun (8 juin-31 oct. 1544).

(36) Jean de MORVILLIER, fils d'Etienne de Morvillier et de Marie Gaillard, né à Blois, le 1ᵉʳ déc. 1506, lieut. gén. du bailli de Bourges (16 avril 1540), châtelain de Jargeau (12 févr. 1555), abbé de Saint-Pierre de Melun et Fontmorigny (7 déc. 1573), cons. d'Etat (20 déc. 1560-12 oct. 1577), doyen de Saint-Etienne, de Bourge (1536), conseiller au Grand Conseil (31 oct. 1544-30 nov. 1547), maître des requêtes, amb. à Venise (1546-sept. 1550), évêque d'Orléans (27 avril 1552-6 sept. 1564), plénipotentiaire à Cateau-Cambrésis (1559), chancelier de France (1568-1571), mourut à Tours, le 23 oct. 1577.

(37) Jacques de CAMBRAY, 3º fils de Michel de Cambray et de Perrette de Treignac, chan. de Bourges, chancelier de l'Université de Bourges (20 mai 1557), aumônier du roi, cons. d'Etat (7 août 1584), sieur de Soulangy, vice-amb. en Turquie (15 juil. 1554), maître des requêtes, prieur de Voulhon et de Blancafort, vic. général de Bourges, † 5 déc. 1586, à 3 h. de l'après-midi.

(38) André GUILLART, sieur du Mortier, l'Isle, l'Espichellière, Assé le Riboullé, Espineul-le Chevreul, Saint-Clément, Arcy-sur-Loire, Montmorillon, la place Bellecour à Lyon, fils d'André du Mortier et de Marie de la Croix-Plancy, mariés le 5 juin 1516, maître des requêtes (6 juin 1547- 14 juin 1554), cons. d'Etat (23 oct. 1556-16 sept. 1560), 4º présid. à Rennes (23 déc.-2 août 1554), 1ᵉʳ présid. à Rennes (2 mars 1557), amb. à Rome, ép. (14 juillet 1551) Marie Robertet du Fresne († entre 8 oct. 1590 et 4 nov. 1609). Il mourut le 30 sept. 1579.

(38 ᵇⁱˢ) Odet de SELVE, 4º fils de Jean de Selve et de Cécile de Buxis, mariés le 18 janv. 1503, sieur de Marignan, Chavenoy, Sablonnières, cons. au Parl. de Paris (31 déc. 1540-15 déc. 1542), présid. au Grand Conseil (15 avril 1542-28 déc. 1546), maître des requêtes (3 août 1557-31 oct. 1560), amb. en Angleterre (4 juil. 1546-20 déc. 1548), à Venise, à Rome, en Espagne, abbé de Saint-Satur, cons. d'Etat, mort à Paris, le 15 mars 1564, ép. Renée de Montmirail († entre 29 oct. 1587 et 17 déc. 1601).

(39) FRANÇOIS DE ROHAN, sieur de Gié, le Verger, Château du Loir, Mortier-Crouelle, Marigny, Gillebourg, ch. de l'O., fils de Charles de Rohan et de Jeanne de Sanseverino, fit la campagne de Roussillon (1542), ép. (23 mars 1536) Catherine de Silly, puis vers 1548, Renée de Rohan-Guéménée et mourut le 29 déc. 1559.

(40) HENRI CLUTIN, sieur d'Oisel, Villeparisis, Saint-Aignan, né en 1510, à Paris, protonot. (7 mai 1535), abbé de Frouart (26 juin 1534), tua, le 8 mai 1535, à Paris, dans une rixe nocturne, Charles de Gappaines. Gracié (1538), ch. de l'O. (14 juil. 1562), lieut. gén. et amb. en Ecosse (6 mai 1552-1560), gent. de la Ch. (17 fév. 1546-11 août 1560), ch. d'honn. de la reine (11 août 1560), cap. de gend. (3 avril 1562), se dist. à la bat. de Dreux (1562), fut amb. en Allemagne (1562), à Rome (30 mai 1564-17 juin 1566), où il mourut, le 11 juillet 1566. Second fils de Pierre Clutin et de Marie Besançon, il ép. Marie-Jeanne de Thouars, puis Jeanne Chasteigner (née à Touffou, le 5 avril 1543, morte à Nanteuil, le 23 déc. 1622).

(41) CLAUDE D'URFÉ, fils de Pierre d'Urfé et d'Antoinette de Beauvau, né en 1502, sieur de Beauvoir sur Arnon, Entragues, Mennetou-Salon, Saint-Just en Chevalet, Saint-Didier, Rochefort, Bussy, Mirebeau, Souternon, Grenieu, la Bastie, ch. de l'O. (28 avril 1551), gent. de la Ch. (4 avril 1549), bailli de Forez, cons. d'Etat, chambellan (20 juill. 1551), baron de Chateauneuf, gouv. de Bussy et Souternon (17 janv. 1518), écuyer d'écurie du roi, gouv. du Dauphin (20 juil. 1551-21 avril 1553) et lieut. de sa compagnie (28 avril 1551-12 nov. 1558). Il ép. (29 août 1532) Jeanne de Balsac-Entragues (qui testa en 1542).

(42) GUILLAUME DU PLESSIS, sieur de Liancourt, Sarcelles, Thuillières, Beuverines, la Grange près Gisors, 7ᵉ fils de Jean du Plessis et de Claudine de Poupaincourt, mariés le 29 déc. 1463, né le 25 janv. 1492, maître d'hôtel du roi, grand maître des eaux et forêts du comté de Clermont en Beauvaisis, écuyer tranchant du roi, maître d'hôtel du Dauphin (15 juin 1534), cons. d'Etat, amb. en Suisse, mourut à Soleure le 19 nov. 1550. Il ép. (10 juil. 1527) Françoise de Ternay (vivante le 16 mai 1551).

(43) JEAN POT, sieur de Chemault, Rhodes, Monceaux, Mondoit, Saint-Amand, Guedreville, Malesherbes, Mennetou-Salon, Montberanne, baron de Saint-Chamond, fils de Guy Pot et d'Isabeau de Saffré, mariés le 6 déc. 1508, ch. de l'O., prévôt de l'O. (3 nov. 1548), amb. à Rome (fév. 1548), en Allemagne (1547 et 1549), en Angleterre (1550-1551), grand maître des cérémonies, comm. extr. des g. (25 nov. 1566), 1ᵉʳ valet tranchant du roi (20 mars 1564), cap. des g. du duc d'Orléans, mourut en 1571. Il ép. (10 mai 1538) Georgette de Balsac-Entragues (viv. 10 sept. 1579).

(44) Sébastien de LAUBESPINE, 2° fils de Claude de Laubespine et de Marguerite de Berruyer, né le 30 avril 1518, abbé de Bassefontaine, Massay, Saint-Martin
de Pontoise, Saint-Eloi de Noyon, Saint-Martial de Limoges, Noirat, sieur de
Verrières, maître des requêtes (1557), évêque de Vannes (21 juin 1557-1ᵉʳ oct.
1558), Limoges, illustre diplomate, amb. en Suisse (1549 et 1552), Saxe (1551),
Allemagne, Hongrie, Pays-Bas, Espagne, Angleterre (1564), plénipot. à Vau-
celles, (1555) †2 août 1582, à Limoges.

(45) Claude de LAVAL, sieur de Boisdauphin, sieur de Téligny et Maugasteau,
2° fils de Jean de Laval et de Renée de Saint-Mars, né le 27 mars 1515, ép. Claude
de la Jaille, veuve de Guy de Laval-Lezay, puis, devenu veuf, entra dans les ordres
sacrés, fut nommé (1554) archevêque d'Embrun et mourut peu après. On le sur-
nommait le *gros Boisdauphin*.

(46) Jean des MONSTIERS, sieur du Fraisse, 2ⁿ fils d'André des Monstiers et
d'Isabeau de Soubmoulin, mariés le 30 sept. 1507, né au Fraisse en 1514, étudia à
Poitiers, fut curé de Villefagnon (1536), prévôt de Saint-Angel, Manot, Saint-Nicolas-
d'Auby (1557), Saint-Crespin-en-Chaix (1544), l'Escale-DIEU, eut une mission en
Allemagne (déc. 1543), fut chargé de diverses autres missions chez les princes alle-
mands (1551-1552), fut au combat de la Croix-au-Moustier, amb. en Suisse (1553-
1554), aum. du roi (1549), évêq. de Bayonne (1550-1569), vicaire général de Limoges
(1564), assista à l'entrevue de Bayonne (1565) et mourut à Paris, le 3 mai 1569.
Il publia : *Des Etats et maisons plus illustres de la chrétienté* (1538, Paris, Serte-
nas). Il publia un factum en latin contre Charles-Quint, qui répondit en personne.
Du Fraisse répliqua. L'attaque, la réponse, la réplique sont dans Goldast : *Politiques
de l'Empire.* Il publia : *Xénopholitis-Athen-Hieronic* (Paris, 1548. Chrétien Urechel).
Traductions des *Vies et fastes des rois de France* de Paul-Emile, 1556. La corresp.
diplom. de l'évêque est presque tout entière dans le livre du marquis des Monstiers.

(47) Antoine de NOAILLES, sieur de Noailles, Noaillac, baron de Chambres,
Montclar, Carbonnières, Merle, Malesse, Leiris, fils aîné de Louis de Noailles et
de Catherine de Pierrebuffière, né à la Fage près Noailles, le 4 sept. 1504, chev.
de l'O., gent. de la Ch., amb. en Angleterre, (7 mai 1553-22 mai 1556) gouv.
de Bordeaux et Bordelais, lieut. gén. en Guyenne, fut à la bat. de Cérisoles (1544)
et mourut, le 11 mars 1563, à Bordeaux. Il ép. (30 mai 1540), Jeanne de
Gontaut-Cabrères (vivᵗᵉ le 10 sept. 1572).

(48) Dominique du GABRE, né à Grenade-sur-Garonne, fils d'un greffier de
Toulouse vic. gén. d'Auch (22 déc. 1546), prieur de Gambes, secrét. du card.
de Tournon, premier aumônier du roi, protonotaire, précenteur de Bailleul,

prieur de Saint-Saëns, trés. gén. de France en Italie, évêque de Lodève (nov. 1547. 1er fév. 1558), comte de Montbrun, amb. à Ferrare, puis à Venise, mourut à Paris le 1er février 1558.

(49) BERNARDIN BOCHETEL, abbé de Saint-Laurens, prieur du Montet, maître des requêtes, amb. en Suisse, en Allemagne (17 août 1567-28 fév. 1569), cons. d'Etat (24 janv. 1570), év. de Rennes (1566), fils aîné de Guillaume Bochetel et de Marie de Morvillier, mariés avant 16 mai 1543.

(50) LOUIS DE SALAZAR, sieur d'Asnois, Montaignes (18 mars 1526), fils aîné de Louis de Salazar et de Catherine de Moncauquier, mariés le 6 juin 1496, gent. m. du roi (27 nov. 1537), commiss. des g. (16 août 1537-25 sept. 1549), gent. de la Ch. (13 nov. 1543), h. d'a., puis mar. des log. à la cie Nevers (29 sept. 1548), maître d'hôtel du duc de Nevers (27 déc. 1551), amb. aux Grisons (31 janv. 1557-14 mars 1558), mort le 22 mai 1561, à Berville en Gâtinais, s. p. ép. (8 oct. 1526), Roberte de la Forest (vivle 6 fév. 1564).

(51) GILLES DE NOAILLES, fils de Louis de Noailles et de Catherine de Pierre-buffière, né en 1524, conseiller au Parlement de Bordeaux, maître des requêtes, cons. d'Etat, amb. en Angleterre, Ecosse, Pologne, Constantinople, Rome (2 avril 1561-25 mars 1564), abbé de Lisle et Saint-Amant, évêque de Dax (1585), mourut à Bordeaux, le 1er sept. 1597.

(52) FRANÇOIS DE NOAILLES, fils de Louis de Noailles et de Catherine de Pierre-buffière, né à Noailles (Corrèze), le 2 juillet 1519, cons. d'Etat, (30 nov. 1561), aum. du roi, amb. extr. à Rome (1556), amb. en Angleterre, (1556-juin 1557,) à Venise, (23 avril 1558), à Constantinople (30 nov. 1571-17 déc. 1574), évêque de Dax (1557-1585), mourut à Bayonne, le 20 sept. 1585.

(53) JEAN DE SAINT-MARCEL, sieur d'Avanson, Saint-Etienne de Saint-Romain, Vausserre, Champsaur, fils aîné de Georges de Saint-Marcel et de Claudine de Morges, mariés entre 29 juillet 1508 et 1510, maître des requêtes (21 août 1548-22 sept. 1551), amb. à Rome (1555), surintend. des finances, cons. au Parl. de Grenoble (11 déc. 1533), présid. au grand Conseil, cons. d'Etat, (29 sept. 1560), ép. après 13 déc. 1546, Philippine Alleman d'Alières, veuve de Guillaume de Viennois Ambel.

(54) JEAN PAUL DE SELVE, 3e fils de Jean de Selve et de Cécile de Buxis, mariés le 18 janvier 1503, prieur de Gournay, évêque de Saint-Flour (1554), précepteur de Henri III, amb. à Rome, † 1570, à Limoges.

(55) Jean CARCENAC, dit la Vigne, abbé de Hautviller près d'Amiens, mort à Raguse, le 22 oct. 1559.

(55 ᵇⁱˢ) Jacques MESNAGE, sieur de Cagny, fils de Philippe Mesnage, né en 1509, à Caen, y étudia le droit, fut avocat à Bayeux, cons. au Parl. de Rouen (24 juill. 1535-29 janv. 1551), amb. en Allemagne, sieur de Maron, maître des requêtes de l'hôtel du roi (23 oct. 1547-29 janv. 1551), † 8 nov. 1551. Il fut chargé (25 juin 1543), de missions en Ecosse, en Lorraine (1548), Suisse (1549), en Angleterre (9 déc. 1545), anobli (déc. 1549). Il ép. Marie de Croismare-Saint-Just.

(56) Philibert BABOU, 3ᵉ fils de Philibert Babou et de Marie Gaudin de la Bourdaisière, mariés le 28 avril 1510, né en 1513, év. d'Angoulême (fin 1532), doyen de Saint-Martin-de-Tours (1538-1559), trés. de la sainte Chapelle, maître des requêtes (12 sept. 1553-5 janv. 1561), abbé du Jard (1560), cardinal (5 juin 1561), évêque d'Auxerre (18 juin 1563-25 janv. 1571), cons. d'Etat, amb. à Rome, où il meurt, le 25 janv. 1571.

(57) Mathieu COIGNET, fils aîné de Mathieu Coignet et de Marie Le Poirier, mariés le 13 août 1507, sieur de la Thuillerie et la Hacquebouille, né en 1514, mort en 1586, proc. gén. au Parlement de Savoie (17 juin 1557-17 oct. 1558), maître des requêtes (18 fév. 1565-28 nov. 1581), ép. av. 12 oct. 1542, Marguerite Rapoël († entre 4 juillet 1605 et 26 avril 1608). Il publia : *Instruction aux princes de garder la foi promise* 1583-*Philosophie chrétienne*.

(58) Jacques BOCHETEL, sieur de la Forest Thaumier, Brouilhamenon, Sainte-Lizaine, Poirieux, Veausse, trés. du Dauphin (6 juin 1555) greffier de l'O. de Saint-Michel (7 avril 1555), secrét. de la Ch. du roi (7 avril 1555), contr. des guerres (13 avril 1555), gent. de la Ch., chev. de l'O., maître d'hôtel du roi (2 juin 1563-22 mai 1581), amb. en Flandre (1560), cons. d'Etat, 2ᵉ fils de Guillaume Bochetel et de Marie de Morvillier, testa le 9 fév. 1595. Il ép. (28 mai 1548), Marie de Morogues.

(59) Jean DOLU, fils de Jean Dolu et de Catherine Pichonnat, trés. de la gendarmerie, amb. en Turquie (7 fév. 1560) † le 9 juillet 1561, ép. Jeanne Vivien.

(60) Michel de SEURRE, chev. de Malte (20 mai 1565), gent. de la Ch. (20 mai 1565), cap. de gend. (oct. 1566), commandeur du Liège et Ivry-le-Temple (juin 1569), grand prieur de Champagne (2 mai 1572), cons. d'Etat (2 mai 1572), fut au s. de la Rochelle (1573), et vivait encore, le 25 mai 1583.

(61) Jean HURAULT, fils de Boistaillé, Bouré, 2° fils de Nicolas Hurault et d'Anne Maillart, cons. au Parlement (15 juill. 1555 - 30 juin 1563), maître des requêtes (18 oct. 1565 - 29 avril 1571), amb. à Venise (9 déc. 1561) à Constantinople, en Angleterre, ép. Antoinette Le Clerc-Cottier († 5 mai 1572), et mourut en 1582.

(62) Jean NICOT, sieur de Villemain, né à Nîmes en 1530, mort à Paris le 20 mai 1600, maître des requêtes (1559-18 fév. 1579), amb. en Portugal, cons. d'Etat, propagateur de « l'herbe pétun », édita Aimoin (1606, in-8°), et fit un *Trésor de la langue française* (1606, in-fol., 1618, in-4°).

(63) Antoine de PETREMOL, sieur de la Norroy, Cléreuil, Viaspres, Beauregard, maître d'hôtel du duc d'Alençon (3 sept. 1568-7 juin 1582), maître des comptes à Paris (15 oct. 1556), amb. en Turquie (10 juill. 1561-nov. 1566), fils aîné de Antoine de Pétremol et de Louise de Provins, mourut sans alliance, le 15 avril 1604, à Saint-Utin (Marne).

(64) Paul de CARMAIN-FOIX, fils de Jean de Carmain et de Madeleine de Caupène, conseiller au Parlement de Paris (1547), compromis dans l'affaire d'Anne du Bourg, amb. en Ecosse, Angleterre, Venise, Rome, arch. de Toulouse, (1577-29 mai 1584), né en 1528, mort à Rome, le 29 mai 1584. Ses *Lettres diplomatiques* ont été publiées en 1628.

(65) Jean D'EBRARD, sieur de Saint-Sulpice, fils d'Antoine d'Ebrard et de Jeanne de Lévis-Caylus, né le 26 août 1519, mort le 5 nov. 1581, à 4 h. du matin, à Saint-Sulpice, âgé de 62 ans 2 mois 10 jours, écuyer de bouche du roi, gent. de la Ch. (1er oct. 1564), fut au s. de Boulogne, à l'expédit. d'Ecosse (1548), au voyage d'Autrasie (1551), au siège de Metz (1552), guerroya en Toscane et Picardie (1552-1554), fut à la bat. de Renty (1554), au siège de Calais (1558), remplit diverses missions en Espagne, Angleterre, Portugal, Italie, Allemagne, ch. de l'O. (1er oct. 1564), amb. en Espagne (1562-27 sept. 1565) cons. d'Etat (1572), cap. de gend. (5 oct. 1572-21 juin 1578), fut à la bat. de Saint-Denis (1567), surintend. chef du Conseil du duc d'Alençon (25 janv. 1576), dont il avait été (16 juill. 1574), gouverneur, gouverneur d'Alençon, Château-Thierry, Mantes, Meulan, Sézanne. Il ép. (6 mai 1551), Claude de Gontaut-Biron (morte le 1er janv. 1587).

(66) Diego de MENDOZA, sieur de la Buère, ch. de l'O., premier maître d'hôtel du roi (1er janv. 1562), éc. tch. du roi (1er fév. 1542), † juillet 1563, ép. Marguerite Cauchon (viv^le 15 juillet 1566).

(67) Jean TESTU, sieur de Balincourt, Margicourt, Menonville, Arronville, fils aîné de Guillaume Testu et d'Isabeau Le Lieur, mariés en 1520, secrét. du connét. de Montmorency, secrét. du Dauphin (18 juin 1554), min. (13 mai 1550), secrét. à la grande chancellerie (1556-1566), secrét. du roi (17 janv. 1559), maître d'hôtel du roi (16 oct. 1567-24 avril 1585), secrét. des finances (15 juin 1557-24 avril 1585), † au 1er fév. 1586, amb. à Bruxelles (1563-1566), ép. (12 mars 1561), Geneviève Le Sueur (viv⁺ᵉ 22 juin 1598).

(68) Guillaume TUGGINER de FROHLICH, né à Zurich, le 30 juin 1526, chev. de l'O., fut à la bataille de Cérisoles, au s. de Bologne, h. d'a. cⁱᵉ connét. de Montmorency, fut à la prise de Mariembourg, à la bat. de Saint-Quentin, au s. de Calais, à la bataille de Dreux, à celles de Saint-Denis, Jarnac, Moncontour, au s. de Brouage. Il fut cap. g. de p. (5 février 1574-7 janvier 1577).

(69) Nicolas de la CROIX, abbé d'Orbais, 2ᵉ fils de Christophe de la Croix et de Marie Boucher de Saint-Aubin, amb. en Suisse (1562-1566).

(70) Arnaud du FERRIER, né à Toulouse, vers 1508, cons. au Parl. de Toulouse (1er mars 1544, mai 1560), cons. au Parl. de Bretagne (1554), présid. au Parlement de Paris (12 nov. 1555-18 août 1563), deux fois amb. à Venise, cons. d'Etat (20 nov. 1577-1er juillet 1579), garde des sceaux du roi de Navarre, mort en oct. 1585.

(71) Pomponne de BELLIÈVRE, sieur de Grignon, 2ᵉ fils de Claude de Bellièvre et de Louise Faye d'Espeisses, mariés le 25 oct. 1522, né en 1529 à Lyon, étudia à Toulouse et à Padoue, fut cons. au Sénat de Chambéry, lieut. gén. en Vermandois (13 mars 1563), amb. aux Grisons (1560), président au présidial de Lyon, cons. au Parl. de Paris (14 avril 1569), cons. d'Etat (1er juillet 1570-10 mars 1595), amb. en Suisse (1572), Pologne (1573), surintendant des finances (1575), présid. au Parl. de Paris (8 avril 1576 août 1580), amb. en Angleterre, fut aux conférences de Suresnes et Vervins, chancelier de France (2 août 1599-1605) † Paris, le 9 sept. 1607. Il ép. Marie Prunier de Grigny.

(72) Charles de DANZAY, gent. de la Ch. (11 mars 1566), amb. en Danemark (19 déc. 1563-27 août 1589), (B. de Xivrey., t. II). A la date du 2 août 1586, il y a, dans les quittances, une légère différence dans la signature. En tout cas, au dern. fév. 1578, c'est la même signature.

(73) Raymond de ROUER de BECCARIE de PAVIE, baron de Fourquevaux, sieur de Damiatte, la Villenouvette, Laguian, fils de François de Beccarie et de Rose de Magnan, né en 1508, à Toulouse, h. d'a. à la comp. Negrepelisse (1527),

servit sous Lautrec (1527-1528), fut blessé et pris au s. de Pavie, fit camp en Calabre, fut lieut. à la comp. d'Ambres, fit camp. en Savoie (1535), fut à la défense de Fossano (1536), à l'expéd. de Piémont (1537), capitoul de Toulouse (1543), aida à réprimer la sédition de Guyenne (1548), fut chargé de missions en Ecosse (1548), Irlande (fév. 1550), amb. en Bohême (1550), à Parme (1551), panetier du roi (1551), défendit la Mirandole (1552), gent. de la Ch. (1552), gouv. du Parmesan (1552), blessé et pris à Marciano (1554), amb. à Parme (1556), gouv. de Narbonne (11 juin 1557), fit camp. (1562), contre les protestants, ch. de l'O. (28 fév. 1563), amb. en Espagne (1565-1572), surintend. de la maison du roi (1572), gouv. de Toulouse (1573), prit Leucate et mourut le 4 juillet 1574. Il ép. (23 fév. 1534) Anne d'Anticamareta, puis (13 mai 1558), Marguerite de la Jugie-Rieux. Ecrivain militaire distingué, il publia : *Institutions sur le fait de la guerre.* (Paris, Vascosan, 1553), et fit un livre, aujourd'hui perdu : *Florence militaire en 1554,* pendant ses treize mois de captivité. Son fils, François, a écrit sa vie (1643, in-4°).

(74) Philibert du CROC, sieur du Croc, du Fieu, Brunard, fils de Gilbert du Croc et de Philippe de Saillant, mariés-avant 1513, ch. de l'O., gent. de la Ch., cons. d'Etat, amb. (1565-juill. 1567) puis (mai-nov. 1572) en Ecosse, testa le 10 mai 1587. Il ép. (25 juin 1542), Renée de Malvoisin.

(75) Jean FEREY, sieur de Durescu, Fontaines-Malon, Saint-André-du-Val, Juas, le Chougne, la Chapelle-Baynel, fils de Richard Ferey et de Jeanne-du-Bois-Piron, ch. de l'O., cons. d'Etat (31 déc. 1575-31 juillet 1582), amb. aux Pays-Bas (juin 1566-16 juin 1568), contr. gén. de l'artillerie (9 août 1553-31 mai 1558), garde des sceaux de la vicomté d'Orbec (27 juin 1571), secrét. de la Ch. du roi (15 avril 1553-18 sept. 1575) et de ses finances (15 déc. 1564-31 déc. 1575) † entre 31 déc. 1582 et 1er mars 1592, ép. (19 mars 1542), Jeanne de Launay-Saint-Germain (viv⁰ 24 nov. 1610).

(76) Just de TOURNON, fils aîné de Just de Tournon et de Catherine de Turenne, mariés en 1535, baron de Tournon comte de Roussillon, vicomte de Polignac, sieur d'Arlenc, chev. de l'O. (9 août 1561), cap. de gend. (10 janv. 1561), sén. d'Auvergne, amb. à Rome, où il mourut, le 16 août 1568. Il ép. Aliénor de Chabannes (viv⁰ 5 janvier 1571).

(77) Pierre de GRANTRYE, fils aîné d'Albert de Grantrye et de Madeleine de Laubespine, sieur de Besne, chimiste, né en 1531, † entre 21 février 1594 et 29 déc. 1600, ép. Anne de Marreau-Pully (viv⁰ 29 déc. 1600). Il était not. et secrét. du roi (5 juillet 1560), fut compromis dans l'affaire *La Mole-Coconnas.*

(78) Guillaume de GRANTRYE, 2ᵉ fils d'Albert de Grantrye et de Madeleine de Laubespine, abbé de Grandchamp (5 juillet 1560), puis cap. de gens de pied, sieur de Grandchamp, Chauvance, Monceaux, la Montagne, chamb. du duc d'Alençon (9 sept. 1579), chev. de l'O. (9 sept. 1579), gent. de la Ch. (1ᵉʳ mai 1571), amb. à Constantinople, huguenot, testa le 29 mars 1587, et mourut entre le 2 et le 5 avril 1587. Il ép. (13 oct. 1560), au château de Besne, Claude de Beaumont-Varennes (née 1545, vivante 29 déc. 1600). Il avait voulu que le mariage se fît à la huguenote, mais les parents de la jeune fille s'y opposèrent. Quatre ou cinq jours après, le prêtre qui avait célébré le mariage, François de Villars, curé de Sainte-Perreuze, fut attaqué par cinq hommes masqués et reçut un coup de poignard, dont il mourut, un an plus tard, persuadé qu'on l'avait assassiné à cause de son concours à la célébration de ce mariage. Or, Guillaume de Grantrye, après avoir vécu avec sa femme Claude de Beaumont et en avoir eu plusieurs enfants, l'abandonna deux ans après son retour de Constantinople, la menaçant de mort et l'obligeant à se réfugier à Moulins-Engilbert, où, néanmoins il allait parfois la voir et pourvoyait à ses besoins. De son côté, il alla en Bourgogne, où il épousa une jeune fille de noblesse, Marie Bataille de la Chaume († 3 janv. 1596), vraisemblablement parente, probablement nièce de sa femme. Cet étrange bigame, qui avait sans doute pris en Turquie le goût des unions multiples, reconnut pourtant, avant de mourir, la validité de son premier mariage et exprima, dans son testament, le regret de ses mauvais procédés à l'égard de Claudine de Beaumont.

(79) Bertrand de SALIGNAC, vicomte de Saint-Julien, baron de Loubert et Ravan, 7ᵉ fils de Hélie de Salignac et de Catherine de Ségur, né le 19 mars 1523, mort le 13 août 1599, à Bordeaux, page de Biron, débuta par des missions en Flandre et en Portugal, fut au s. de Boulogne (1549), à l'exp. d'Ecosse (1549), au siège de Metz (1552), à la bat. de Renty (1554), pris à celle de Saint-Quentin (1557), amb. en Angleterre (1559), fut à la bat. de Dreux (1562), dép. aux Et. généraux (1560), amb. extr. en Espagne, Parme, Flandre, gent. de la Ch. (1566), fut à la bat. de Saint-Denis (1567), introducteur des amb. (1566-1568), ch. de l'O. (1568), amb. en Angleterre (1568-75), dép. aux Et. gén. (1576), cons. d'Etat (27 juin 1566 - 11 oct. 1581), amb. en Lorraine (1576), Ecosse (1581), capit. de gend., contribua à la défense de Sarlat (1587), et venait d'être nommé amb. en Espagne quand il mourut s. all.

Il fut (   ) chevalier du Saint-Esprit. — Il publia : *Le Siège de Metz* (1553, in-4°). *Voyage du Roi aux Pays-Bas de l'Empereur*, 1554, in-4°.

Les Additions aux Mémoires de Castelnau de le Laboureur renferment l'ambassade de Salignac en Angleterre.

(80) François ROUGIER, sieur de Malras, Tournebois, Courtelin, Babou, baron de Saint-Benoist et Ferrals, contr. des gén. (15 août 1558-1ᵉʳ juin 1559), contr. gén. des guerres (30 avril 1560-18 mai 1561), général des finances à Lyon (15 août 1558-19 mars 1568), et Montpellier (25 avril-1ᵉʳ juin 1559), maître d'hôtel de la reine mère (18 mai 1561-5 juillet 1569), sénéchal de Lauraguais (8 mai 1568-janv. 1875), s. de Puchlicon, secrét. des fin. de la reine mère en Lauraguais, Forez, Beaujolais, Dombes (27 nov. 1562-26 oct. 1564), maître d'hôtel du roi (26 oct. 1564-5 juillet 1569), amb. aux Pays-Bas (7 juin 1568-18 mars 1571), à Rome (9 mai 1572).

(81) Charles D'ANGENNES, 2ᵉ fils de Jacques d'Angennes et d'Isabeau Cotereau, né le 30 octobre 1530, évêque du Mans (12 octobre 1559), amb. à Rome (19 juill. 1568-13 mars 1571), cardinal (1570), mort le 23 mars 1587, à Corneto, pieux, pudique, savant, charitable.

(82) Jean de VULCOB, sieur de Sassy, amb. en Allemagne (3 avril 1570-20 oct. 1576), gent. de la Ch. (31 déc. 1576), viv. 15 mai 1583, fils d'Antoine de Vulcob et de Catherine Bochetel, neveu de son prédécesseur Bernardin Bochetel, prieur de Saint-Martin-des-Champs, abbé de Beaupré, Petit-Citeaux aum. du roi.

(83) Claude de MONDOUCET, sieur de Monteaux l'Esbat, Noisy et Maulde, 2ᵉ fils de Jean de Mondoucet et d'Anne Miron, mariés le 6 mai 1528, chambellan du roi (15 juillet 1579), du duc d'Alençon (15 juill. 1579-28 nov. 1582), maître d'hôt. du roi (8 janv. 1597-27 juin 1614), amb. de France aux Pays-Bas (fin. mars 1571-août 1578) ép. (25 fév. 1582), Hélène de Gaudart-la-Fontaine (vivᵗᵉ 17 juin 1614). Il fut trés. de enf. de Henri II, (10 janv. 1560-28 mars 1560), et trés. du duc d'Anjou (31 déc. 1562-25 avril 1568).

(84) François GAUDART, sieur de la Fontaine, fils de Jean Gaudart et de Denise Gobelin, maître des comptes (29 sept. 1564), direct. des finances en Champagne (1568), amb. en Suisse, ép. Jeanne Jallan.

(85) Jean de VIVONNE de Torrettes, sieur de Ramades, Foyes, Pessines, Saint-Gouard, les Combes, la Croix-Blanche, baron, puis marquis de Pisani, fils d'Artus de Vivonne et de Marguerite de Brémond d'Ars, enfant d'honneur du roi, né en 1530, pris et blessé au ravitaillement de Mariembourg (1555), servit en Toscane, sous Strozzi, à Rome (1557) sous Guise, en Piémont, sous Brissac, fut à la bat. de Dreux (1562), à la défense de Malte (1565), aux batailles de Saint-Denis, Jarnac, Moncontour, où il fut gravement blessé. Chev. de l'O., (1ᵉʳ oct. 1577), gent. de la

Ch. (1ᵉʳ oct. 1577), amb. à Rome (fév. 1571), en Espagne (16 janv. 1572-20 déc. 1582), à Rome (23 mai 1584-26 mai 1589), puis (oct. 1589 et fin 1592), cons. d'Etat (1ᵉʳ oct. 1577-20 août 1598), gouv. de Saintonge (4 sept. 1583-15 déc. 1596), gouv. du prince de Condé (1595), il se distingua à Fontaine-Française (1595), fut cap. de gend., sénéchal de Saintonge, et mourut à Saint-Maur-les-Fossés, le 7 octobre 1599. Il ép. (8 nov. 1587) Julia Savelli (naturalisée août 1593), veuve de Louis Orsini, et il en eut la célèbre marquise de Rambouillet. Il fut (1585) chevalier du SAINT-ESPRIT.

(86) JEAN DE BELLIÈVRE, sieur de Hautefort, fils aîné de Claude de Bellièvre et de Louise Faye d'Espeisse, mariés le 25 oct. 1522, né avant 1529, cons. au Parl. de Grenoble (27 juin 1554-30 mars 1571), 3ᵉ président à ce Parlement (22 avril 1571-5 juin 1576), premier président à ce Parlement (1584), amb. en Suisse, cons. d'Etat (11 août 1571-1ᵉʳ nov. 1584), surintendant des finances (20 déc. 1581), ép. Bonne Prunier.

(87) Serait-ce FIACRE HUGON, sieur de la Tricquerie, le Prat, Masgonthier, fils de Nicolas Hugon et de Jeanne de Bethoulat, mar. le 31 janv. 1542, testa 2 avril 1603, h. d'a. cie Chazeron (15 déc. 1598), et cie Joyeuse, ép. (23 mai 1581), Anne de Montagnac-Larfeuillère (vivᵗᵉ 2 avril 1603),

(88) JEAN GRANGIER, sieur de Liverdis en Brie, Relly, Gᵈ et Pˡ Gagny, Monceau, fils de Jean Grangier et d'Anne Ferrand du Souchet, mariés le 16 janv. 1510, né en 1526, mort le 13 juin 1596, à Liverdis. Il fut maître d'hôtel du roi (23 juill. 1578-10 mars 1584), et de la reine mère (18 juill. 1587-30 sept. 1588), trés. des Ligues Suisses (11 oct. 1569-25 juin 1573), gent. de la Ch. (24 juin 1573), amb. aux Grisons (22 déc. 1577-16 juin 1594). Il ép. (1554) Louise de Ruyns (morte le 8 oct. 1608).

(89) MICHEL DE CASTELNAU, sieur de la Mauvissière, baron de Jonville, Concressault, Yèvre-le-Chastel, comte de Beaumont le Roger, 2ᵉ fils de Jean de Castelnau et de Jeanne du Mesnil, ch. de l'O., cons. d'Etat, né en 1518, à la Mauvissière en Touraine, mort en 1592, à Jonville, d'abord cheval léger, servit en Piémont, Toscane, Corse, puis, sur mer, sous le grand prieur François de Lorraine, fut (1557) capitaine de galère, servit en Picardie (1558-1559), fut chargé de missions en Angleterre (1558), Savoie (1559), Rome (1559), accompagna Marie Stuart en Ecosse (1561), y resta un an : pris (1562) par Briqueville-Colombières, il fut à la bat. de Dreux (1562), au siège du Havre (1563), prit Tancarville, fut chargé de quatre missions successives en Angleterre et en Ecosse, puis d'une en Flandre (1567), aida à déjouer le complot protestant de Meaux (1567), fut

chargé d'une mission en Espagne (1567), d'une autre en Saxe, d'une autre en
Espagne, fut capitaine de gendarmes (1569-15 juillet 1577), combattit à Jarnac,
retourna en Allemagne, puis en Espagne, combattit comme maréchal de camp, à
Moncontour, fut au s. de Saint-Jean-d'Angély, fut envoyé en Navarre, en Angleterre, en Allemagne, en Suisse, fut au s. de la Rochelle. Gouv. de Saint-Dizier
(1569-5 juillet 1584), amb. en Angleterre (juin 1575-1585), il a laissé des
Mémoires très célèbres (1621, in-4°). Il ép. (26 juin 1575), Marie Bochetel († en
déc. 1586, avant le 9).

(90) Guillaume ANCEL, sieur de Montchesne, Mailles, valet de chambre du roi,
amb. résident vers l'Empereur (3 nov. 1576-26 mai 1601), fils de Pierre Ancel
et de Marie Gautier ép. avant 10 déc. 1601, Anne Boreau (viv. 29 juillet 1610).
Il mourut entre 29 juill. 1610 et 15 déc. 1627.

(91) Louis DE CHASTEIGNER, sieur d'Abain, la Rochepozay, Touffou, baron
de Preuilly, Malval, 7° fils de Jean de Chasteignier et de Claude de Monléon, né le
15 fév. 1536, à la Rochepozay, à 6 heures du matin, étudia à Paris, fut aux bat. de
de Saint-Denis, Jarnac, Moncontour, la Roche-Abeille, au s. de la Rochelle, gent.
de la Ch. (1573), fit le voyage de Pologne (1573), fut cons. d'Etat (1576-3 mars
1582), cap. de gend., amb. résident à Rome (mars 1576-mars 1581), amb. extr.
en Toscane (1589), lieut. gén, en Limousin, † 29 sept. 1595, à Moulins, à 6 heures
du matin. Il ép. (28 oct. 1565) Jeanne du Puy du Coudray (née au Coudray 16 juin
1540, morte à Dissay, le 30 oct. 1632).

(92) Sébastien JUYÉ, fils de Léonard Juyé, fut secret. du roi (3 janv. 1581-
28 nov. 1623), † au 28 juil. 1649. C'était un protégé des Noailles.

(93) Nicolas DE HARLAY, sieur de Sancy, Grosbois, baron de Maule, fils aîné
de Robert de Harlay et de Jacqueline de Morainvillier, mariés le 8 déc. 1544, ne
en 1546, cons. au Parl., maître des requêtes, cons. d'Etat, surintend. des finances
et bâtiments (1594-1599) 1er maître d'hôtel, amb. en Allemagne, Angleterre
(1596 et 1599), colonel général des Suisses (12 avril 1596-mars 1605), gouv. de
Chalon-sur-Saône, lieut. gén. en Bourgogne, mort à Paris, le 17 oct. 1629. Il fut
calviniste, catholique (1574), calviniste, puis (1597) catholique. En 1589, il fit
campagne contre le duc de Savoie, prit Menthon, Bonne, Saint-Joire, Gex, Thonon
(26 avril 1589), Flechière, Concise, Ripaille (1er mai), Chateauvillain en Champagne (juil.), puis Buringe (1er janv. 1591), Thonon (6 fév. 1591), Evian, Polinge,
où il bat les Savoisiens. Il fut, en 1594, au s. de Laon, en 1597, à celui d'Amiens,
fit la campagne de Savoie en 1600. Il ép. (15 fév. 1575) Marie Moreau d'Auteuil
(morte le 27 mars 1629). D'Aubigné l'attaqua dans un violent et célèbre pamphlet :

La confession du sieur de Sancy. Il fut possesseur du célèbre diamant le *Sancy*, que le dévouement d'un de ses serviteurs lui conserva, en de tragiques circonstances.

(94) JACQUES DE GERMIGNY, baron de Germoles, gent. du card. de Bourbon, cons. d'Etat (15 janv.-13 déc. 1581), maître d'hôtel du roi (13 déc. 1581), ch. de l'O. (20 fév. 1584), né entre le 1ᵉʳ et le 7 fév. 1532, mort à Chalon-sur-Saône, entre le 14 et le 21 janv. 1586. Il était déjà employé à l'amb. de Constantinople en 1558. C'était un protégé du card. d'Armagnac. Il ép. Jeanne Boulet (viv. 30 nov. 1585). Ses négociations ont été publiées par Bertaut (l'*Illustre Orbandale)* et Charrière.

(95) CLAUDE BLATIER, sieur de Belloy, amb. en Flandre (21 nov. 1581-26 mars 1584), secrét. du roi (21 nov. 1581), vivant 26 avril 1585, maître des comptes (16 avril 1593-15 mars 1614), ép. Françoise de Nouveau (viv. 4 mars 1636) ✝ au 4 sept. 1635.

(96) HENRI CLAUSSE, sieur de Fleury, Perthe, Saint-Martin-en-Bure, Orangy, Montléan, la Chapelle-la-Reine, Pont-en-Dunois, Grez-en-Dunois, Brie-en-Dunois, cons. d'Etat (26 mars 1584-12 juil. 1613), grand maître des eaux et for. de France (20 mai 1570-2 avril 1573 et 1ᵉʳ avril 1599-12 juillet 1613), gent. de la Ch. (7 avril 1570, v. 5), ✝ au 17 avril 1618, ép. (5 avril 1568, v. 5) Denise de Neuf-ville-Villeroy (viv, 17 avril 1618). Il était fils aîné de Cosme Clausse et de Marie Burgensis.

(97) ANDRÉ HURAULT, sieur de Maisse, 4ᵉ fils de Nicolas Hurault et d'Anne Maillard, baron de Chateauneuf en Thimerais, min. (9 déc. 1561), cons. d'Etat (23 mai 1597-51 déc. 1606), cons. au Parl. (28 mars 1564-2 août 1573), maître des requêtes (3 mars 1573), deux fois amb. à Venise (14 oct. 1595-14 juillet 1596), amb. extr. en Angleterre (1597), mort le 22 sept. 1607, ép. (9 janv. 1578) Renée de Boylesve, puis Catherine de Hellin, veuve de Théodore de Berziau (viv. 1ᵉʳ août 1620).

(98) Impossible, malgré nos recherches, d'établir l'identité de ce personnage. Nous proposons : PIERRE DE LA MOTHE, sieur de Longlée (Cf. *Dict. de l'Et. major français*, p. 404), ou plutôt Jean de la Mothe-Baracé, sieur de Longlée, fils de René de la Mothe et de Jeanne Le Poulcre, ch. de l'O., qui ép. (1567) Anne de Launay-Onglée.

(99) GUILLAUME DE LAUBESPINE, baron de Châteauneuf-sur-Cher, Saint-Julien, Beauvoir, Hauterive, Rousson, Montgaugier, 2ᵉ fils de Claude de Laubespine et de

Jeanne Bochetel, né le 17 août 1547, sieur de Montrouge-lès-Paris, Bois-le-Vicomte, cons. au Parlement (19 mai 1568), maître des requêtes (13 août 1572), amb. en Angleterre (1585-10 fév. 1589), cons. d'Etat (29 janv. 1573-21 janv. 1610), chancelier d'Elisabeth d'Autriche, puis de Louise de Vaudemont, gouv. de Dun-le Roy (31 janv. 1604), chancelier de France (1604), surintendant des finances (fév. 1611-1615), amb. en Bretagne auprès de Mercœur, en Italie pour l'aff. du marquisat de Saluces, mourut, le 16 mars 1629, à Paris, entre 4 et 5 heures du soir. Il ép. entre le 8 et le 19 janv. 1573, Marie de la Châtre († j. de PAQUES 1626). Il fut (18 oct. 1610-14 juil. 1615) chancelier de l'O. du SAINT-ESPRIT.

(100) Charles de PRUNELÉ, fils d'André de Prunelé et de Marguerite Le Veneur, mariés le 3 juin 1558, baron d'Esneval, Pavilly, Gazeran, Machenainville, Beauverger, Glatigny, Herbaut, ch. de l'O. (11 avril 1580), gent. de la Ch. (11 avril 1580-30 mai 1623), vidame de Normandie (19 avril 1584-30 mai 1623), amb. en Ecosse, cap. de gend. (17 déc. 1594-30 mai 1623), † 18 avril 1624, à Paris, ép. (12 sept. 1583) Madeleine Pinart de Comblisy († 6 avril 1654, à Paris).

(101) Jacques de SAVARY, sieur de Lancosme, 2° fils de Claude Savary et de Jacqueline de Villequier, mariés le dern. fév. 1542, mineur (21 juin 1563-21 mai 1570), sieur de Montauron, mestre de camp (22 mars 1577), gent. de la Ch. (31 déc. 1585), amb. en Turquie, mort empoisonné en 1591.

(102) Nicolas BRULART, fils aîné de Pierre Brûlart et de Marie Cauchon, mariés le 30 nov. 1543, né en 1544, vicomte de Puisieux, Ludes, marquis de Sillery, baron de Boursault, Marines, Briançon, Versenay, la Tour, Congy, Atilly, Berny, cons. au Parlement (18 juin 1568), président aux enquêtes (18 déc. 1584-6 mai 1587), maître des requêtes (15 juin 1588), président au Parl. (24 fév. 1597-4 janv. 1599), plénipotentiaire à Vervins, amb. en Suisse, deux fois (1589 et 1593-1602) à Rome, garde des sceaux (déc. 1606) et (10 sept. 1607-mai 1616) et (23 janv. 1623-2 janv. 1624), mourut à Sillery, le 1er oct. 1624. Il ép. (24 nov. 1574) Claude Prudhomme de Fontenay († entre 9 janv. 1610 et 3 mars 1611).

(103) François HURAULT, sieur du Vignay, 6° fils de Robert Hurault et de Madeleine de Lhospital, mariés 11 juil. 1557, mourut sans postérité, à 22 ans.

(104) Jean de la Fin, 2° fils de Jean de la Fin et de Madeleine de Salins, sieur de Beauvoir-la-Nocle, Lurcy, les Augeres, la Mothe-au-Fournier, cons. d'Etat, amb. en Angleterre (12 fév. 1590-26 fév. 1595), vivant dès le 25 juin 1559, mort en 1599, à Maligny, ép. (17 avril 1559) Béraude de Ferrières († 3 avril 1618 à la

Ferté-Vidame), veuve de Dieudonné de Bard. (Cf.. *Vie de Jean de Ferrières*. Auxerre, Perriquet et Rouillé, 1858, in-8°).

(105) François SAVARY, fils de Denis Savary et de Françoise de Damas, mariés le 19 déc. 1544, sieur de Brèves, Auvour, Artaix, Sardi - les-Forges, Lurcy, Sainte-Huruge, baron de Semur, marquis de Maulévrier, célèbre diplomate, né en 1560, mort à Paris en 1628, après le 25 janv. Il ép. (27 fév. 1607) Anne de Thou. Il accompagna à Constantinople, en 1585, Jacques de Savary-Lancosme, son parent, auquel il succéda. Orientaliste distingué, il eut la plus grande influence à Constantinople auprès des sultans Amurat III, Mahomet III, Achmet Ier. Amb. (1591-1604) à Constantinople, il parcourut la Méditerranée, de 1605 à 1607, l'Egypte, la Syrie, délivrant des esclaves chrétiens. Cons. d'Etat, gent. de la Ch., amb. à Rome (1608-1614), gouv., 1er gent., surintendant, lieut. de la compagnie de Gaston d'Orléans, 1er écuyer de la reine (1622), membre du Cons. des Dépêches (1627). Son secrétaire Jacques du Castel, a publié (Paris, 1628, in-4°) une relation des *Voyages* de son maître. Un autre de ses secrétaires, J.-B. Vinois de Banon, a laissé une autre relation manuscrite de ses voyages à Alger et Tunis, en 1606 (Bibliothèque de l'Institut).

(106) Pasteur protestant français établi à Londres, selon M. de Kermaingant.

(107) Antoine (ou selon d'autres documents, François) de MORET, sieur du Réau, Soisy-sur-Escolle, Chesnebecard (14 déc. 1572), fils de Marc de Moret, amb. résident en Angleterre (9 juill. 1596-7 juin 1597) après avoir été chargé de missions en Suisse, Allemagne, Italie (fév. 1586), Allemagne, Suisse (fin 1587), Genève (mai 1588), Angleterre (avril et juin 1591), cons. d'Etat (1er mai 1572), gent. de la Ch. (1586-28 janv. 1612). Il ép. (1597) Marie de Pierrevive (viv. 28 janv. 1612) veuve de Jacques Le Clerc de Fleurigny. Selon M. de Kermaingant, l'amb. est bien Antoine. Selon d'autres documents, cet Antoine se nommait François. Peut-être Antoine et François sont-ils des personnages distincts? La question, malgré nos recherches, est restée pour nous insoluble.

(108) François HOTMAN, fils aîné de Pierre Hotman et de Jeanne Marteau de la Chapelle, sieur de Marfontaine, Fontenay, Pailly, né en 1544, mort le 28 mai 1600, à Soleure, trésorier de l'Epargne (17 août 1588 - 15 fév. 1597), cons. d'Etat (18 mars 1595-28 nov. 1597), amb. en Suisse, ép. (20 fév. 1574) Lucrèce Grangier de Liverdis († entre 16 déc. 1626 et 20 fév. 1629).

(109) Jean de THUMERY, sieur de Boissise, Egly, Feigneux, Beaumont, fils aîné de Jean de Thumery et de Madeleine de Hellin, né posthume le 30 avril 1549,

mort le 27 déc. 1623. Il fut cons. au Parl. de Paris (6 fév. 1573-12 juin 1588), cons. d'Etat (1594-25 janv. 1620), amb. en Angleterre (oct. 1598-novembre 1601), en Allemagne (1609), en Hollande (1616-1618). Il ép. (12 nov. 1574) Marthe Luillier († au 7 mars 1607).

(110) Antoine SEGUIER, 5° fils de Pierre et de Louise Boudet, bapt. 22 juill. 1552, sieur de Villiers, Fourqueux, cons. au Parl., maîtres des requêtes, lieut. civil à Paris (15 juill. 1583-26 juill. 1586), av. gén. (17 nov. 1587-27 mai 1594), présid. au Parl. (21 mai 1597-1er sept. 1624) † s. all., nov. 1624. Il fut amb. à Venise (3 nov. 1598-23 juil. 1601), cons. d'Etat (10 déc. 1586-1er sept. 1624), ch. d'honn. Parl. Provence (1586).

(111) Méry de VIC, sieur d'Ermenonville, les Bergeries, Saint-Port, Saint-Assise, baron de Fiennes, Moran, fils aîné de Raymond de Vic et de Comtesse de Sarred, maître des requêtes du duc d'Anjou, maître des requêtes du roi (26 nov. 1581-2 nov. 1598), présid. au Parl. de Toulouse (22 juin 1597-31 oct. 1598), cons. d'Etat (9 juin 1589-10 oct. 1618), amb. en Suisse (1600-1602 et 16 oct. 1618), présid. à la Ch. des Comptes (30 juin 1590), trésorier de France à Blois, intendant de justice en Auvergne (30 mai 1588), Lyonnais, Forez, Beaujolais, Bourbonnais (18 avril 1590-10 août 1597), cons. aux finances (26 sept. 1610), garde des sceaux (24 déc. 1621) † 2 sept. 1622, à Pignan près Montpellier. Il ép. (2 fév. 1588) Marie Bourdineau († 30 sept. 1610).

(112) Urbain de SAINT-GELAIS, év. de Comminges (21 juillet 1608), amb. en Portugal, mort en 1613, fils naturel de Louis de Saint-Gelais-Lansac.

(113) Paul CHOART, seigneur de Buzenval, Granchamp, la Grange le Roi, 2° fils de Robert Choart et de Françoise Grené, gent. de la Ch. (25 avril 1598), cons. d'Etat (25 sept. 1594), agent du roi de Navarre en Angleterre (20 juil. 1587-24 août 1589), mort à la Haye, le 31 août 1607, fut (1590) agent, puis (18 mai 1592-1607) amb. permanent de Henri IV en Hollande (Cf. G. Wreede : *Lettres et négociations de Paul Choart*, Leyde, 1845).

Notes : Jean FLORIN, qui fut notre représentant aux Grisons, était encore en 1600 secrétaire interprète à Coire et fut suppléé, en 1591, par son neveu, Rodolphe de Salis. Jean de VILLARS, qui faisait les intérims en Suisse était sieur de Blancfossé. Gilles de la POMMERAYE, amb. en Flandre (26 oct. 1529-25 juill. 1530), fut échanson du roi (26 oct. 14 déc. 1529) panetier (20 nov. 1531), amb. en Angleterre (11 nov. 1531-22 mai 1532), maître d'hôtel (20 nov. 1532), sorte de diplomate errant, à la Passano.

SECRÉTAIRES D'ÉTAT

(1) Cosme CLAUSSE, sieur de Montléan, le Graix, les Forges en Bierre, Marchaumont, Fleury en Bierre, Courance en Gâtinais, le Pont, Champs, la Ferté-Alais, 2° fils de Jean Clausse et de Philippine de Bailly, secrétaire des Dauphins François et Henri, intendant du domaine de Bretagne, contr. gén. des guerres (1er juin 1549), fut au siège de Damvilliers (1552), et mourut en 1558. Il ép. Marie Burgensis (viv¹⁰ 18 janvier 1572).

(2) Guillaume BOCHETEL, sieur de Brouilhamenon, la Forest-Thaumyer, Sassy, Sainte-Lizaine, Poirieux, fils de Bernardin Bochetel et de Catherine Babouin, secrét. du roi (27 juillet 1518), greffier de l'O. de Saint-Michel (29 sept. 1542), testa 25 avril 1557 et mourut en 1558. Il ép. avant 16 mai 1543, Marie de Morvillier (viv¹⁰ 25 avril 1557).

Il a laissé quelques opuscules : *Le sacre de la reine Eléonore*, Paris, 1530, in-4°. *L'entrée de la reine à Paris*, 1531, in-4°.

(3) Claude DE LAUBESPINE, fils aîné de Claude de Laubespine et de Marguerite le Berruyer, baron de Châteauneuf-sur-Cher, vicomte de la Forest-Thaumyer Hauteville, Lonville, Plancheville, Beauvoir-sur-Arnon, Rousson, Coussières, Montgaugier, né le 1er mai 1510, secrét. du roi (10 mars 1537-9 juillet 1542) secrét. des finances (sept. 1544), plénipotentiaire à Crespy (1544), Marcq (1555), Cateau-Cambrésis (1559), négocia (1562) la reddition de Bourges, amb. en Italie (1548), fut aux conférences de Paris (2 déc. 1562), la Chapelle (10 oct. 1567), mort au Louvre, le 11 novembre 1567. Il ép. (19 janv. 1543), Jeanne-Marie Bochetel, puis avant 17 juin 1559, Catherine d'Alizon (viv¹⁰ 22 fév. 1571).

(4) Jean DU THIER, fils d'Olivier du Thier et de Marguerite de Voves, sieur de Beauregard, contr. des finances (1553), receveur de Sens, secrét. du connétable

de Montmorency, puis (1542), du roi, mourut en sept. 1559. Il ép. Marguerite de Pelletan (morte entre 5 nov. 1566 et 28 sept. 1570). *Les louanges de la folie*, in-8°, 1566.

(5) Florimond ROBERTET, sieur de Fresne, la Grange-de-Cloye, fils de Jean Robertet et de Jeanne Le Viste, né avant 1532, fut aux conférences de Toury (1562), et mourut en oct. 1567. Il ép. (22 fév. 1560), Marie Clausse.

(6) Jacques BOURDIN, sieur de Villaines, Médan, Minaut, Villiers, Marolles, Beaulieu, né entre le 3 novembre 1500 et le 12 septembre 1519, fils de Jacques Bourdin et de Catherine Brinon, secrét. d'Etat par survivance (14 juin 1549), plénipotentiaire de la paix de Troyes (1564), mourut le 6 juillet 1567. Il ép. (12 janvièr 1550) Marie Bochetel (vivante 29 août 1602).

(7) Forimond ROBERTET, baron d'Alluye fils de Claude Robertet et d'Anne Briçonnet, mariés le 15 juin 1531, né en 1533, mort en 1569, avant le 8 juin, ép. Jeanne de Hallwin († entre 31 déc. 1576 et 4 avril 1588).

(8) Simon FIZES, baron de Sauves, secrét. du cardinal Bertrandi, puis du roi (1553), puis attaché au cardinal de Lorraine, fut avec lui au Concile de Trente, fut secrét. des commandements de Catherine de Médicis, secrét. d'Etat (22 oct. 1567), traita de la reddition de la Rochelle (1573) et mourut le 27 nov. 1579. Il ép. Charlotte de Beaune (née en 1551, morte à Paris, le 30 sept. 1617).

(9) Claude de LAUBESPINE, fils aîné de Claude de Laubespine et de Jeanne-Marie Bochetel, sieur d'Hauterive, Saint-Aignan, baron de Châteauneuf, amb. en Espagne (1566), secrét. des finances (28 nov. 1563), né le 4 juillet 1545, mort le 11 sept. 1570, ép. (25 sept. 1567), Marie Clutin d'Oisel (viv^te 1er janv. 1573).

(10) Nicolas de NEUFVILLE, sieur de Villeroy, Alincourt, Magny, la Chapelle-la-Reine, Châtel-sur-Epte, baron de Bury, Fontenay-le-Vicomte, Challuceau, secrét. de la Ch. du roi (2 janv. 1566-22 nov. 1616), fils de Nicolas de Neufville et de Jeanne Prudhomme, né en 1543, mort à Rouen, le 12 nov. 1617. Il fut cons. d'Etat et secrét. des commandements du roi (8 avril 1570-31 déc. 1616) et des finances, grand trésorier de France (31 déc. 1578-8 déc. 1588), agent de la reine à Cateau-Cambrésis (1559), et à Rome, envoyé en Espagne (1563) et à Rome (1563), en Allemagne (1570), capit. des chasses de Varennes, Charenton, Maisons-sur-Seine, N.-D. en Brie, forêt de Sénart, disgracié (9 août 1616), puis rétabli (1er mai 1617), dans sa charge de secrét. d'Etat. Il assista au siège de la Rochelle, en 1573, fut aux conférences de Vervins (1598), Torcy (1606), Franche-Comté (1611), Creil et Coucy (juill. 1615), Poitiers, Loudun. Il ép. (17 juin

1559), Madeleine de Laubespine (née le 13 mai 1546, morte à Villeroy, le 17 mai 1596). Il a laissé des *Mémoires d'Estat* (1622, in-4°) fort remarquables.

(11) Pierre BRULART, 4° fils de Noël Brûlart et d'Isabeau Bourdin, sieur de Crosne et Genlis, bapt. le 21 mars 1536, mort le 12 avril 1608, secrét. du roi (1557), secrét. des finances (28 janvier 1569-7 août 1607), secrét. des commandements de la reine (1564), cons. d'Etat (13 oct. 1579-7 août 1607), amb. en Flandre (1583), fut aux conférences d'Epernay (1585), disgracié (1588), rentre au Conseil du roi (1595). Il ép. (10 sept. 1571), Madeleine Chevalier de Mallepierre (morte entre 26 avril et 31 octobre 1611).

(12) Claude PINART, fils de François Pinart, sieur de Serdois, Cramailles, Villethierry, Marolles, vicomte de Comblisy, baron de Louvois, né à Blois, secrét. du maréchal de Saint-André, commis au camp (2 nov. 1552), trés. payeur des gent. de la m. du roi (1556), secrét. de la Ch. du roi (31 déc. 1586), secrét. de la reine mère (19 janv. 1571) et de ses finances (29 sept. 1569), secrét. des commandements (30 sept. 1585-8 juin 1602), secrét. des finances (19 janv. 1571-23 juillet 1588), cons. d'Etat (30 sept. 1585-8 juin 1602), amb. en Suède (1574), Angleterre (1581), fut aux conférences de Saint-Bris (1586), gouv. de Château-Thierry. Il mourut, le 14 sept. 1605, à Cramailles. Il ép. avant 13 fév. 1583, Marie de Laubespine (viv^le 13 fév. 1583).

(13) Martin RUZÉ, 2° fils de Guillaume Ruzé et de Marie Testu, né à Paris en 1527, sieur de Beaulieu, Longjumeau, la Puisaye, Chilly, Juçay, Champeaux, secrét. du mar. de Brissac (16 nov. 1556), commiss. des g. (3 mai 1571), gén. des vivres (19 oct. 1572-22 avril 1575), secrét. d'Etat des finances (6 juin 1575), surintendant des mines de France, secrét. des commandements du duc d'Anjou, qu'il suit en Pologne (1573), secrét. des comm. de Catherine de Médicis (1573), secrét. du roi (1589), assista à la bat. de Jarnac, fut blessé à celle de Moncontour, cons. d'Etat (17 sept. 1574), secrét. de la Ch. du roi (18 janv. 1591-1er fév. 1607), blessé au siège de Paris en 1589, mort s. p. le 6 nov. 1613. Il avait été, après la mort de Montholon, chancelier de France par intérim. Il fut trés. des O. du roi (10 avril 1589). Il ép. Geneviève Araby.

(14) Louis de REVOL, dauphinois, présid. à la Ch. des comptes de Dauphiné (2 juillet 1586), commiss. des g. (30 juin 1576), cons. d'Etat (4 avril 1594), fils de Pierre Revol et de N   de Charien, intendant de l'armée de Provence (1586), mourut à Paris, le 24 sept. 1594. Il fut aux conférences de Noisy et de Suresnes.

(15) Louis POTIER, sieur de Gesvres, baron (janv. 1597) de Gesvres, comte de Tresmes (janvier 1608), marquis de Gesvres (janv. 1618-26 juin 1626), 2ᵉ fils de Jacques Potier et de Françoise Cueillette, mariés en 1523, secrét. du roi (2 avril 1567), secrét. du Conseil (26 janvier 1578), mourut le 25 mars 1630. Il ép. avant le 20 juillet 1583, Charlotte Baillet (vivante 20 août 1588). Il fut secrét. d'Etat, de 1589 au 25 oct. 1622.

(16) Pierre FORGET, sieur de Fresnes, Verets, le Fau, 2ᵉ fils de Pierre Forget et de Françoise de Fortia, secrét. des finances, (6 juillet 1577-déc. 1592), secrét. du roi et grand audiencier de France (6 juill. 1577-18 oct. 1582) amb. extraord. en Espagne (1589), secrét. d'Etat (22 fév. 1589-21 avril 1610), rédacteur de l'édit de Nantes, intendant des bâtiments du roi, cons. d'Etat, né en 1544, mort entre le 18 et le 21 avril 1610. Il fut surintendant de la maison de César de Vendôme, d'Alexandre de Vendôme et d'Henriette légitimée de France (16 mai 1599) intendant général de la maison de la reine (31 déc. 1585). Il ép. Anne de Beauvillier-Saint-Aignan (née le 4 oct. 1564, à Saint-Aignan, morte en 1636), veuve d'Oiry du Châtelet.

Notes. — Il convient, à propos d'ambassadeurs à Rome, de signaler Jean NIQUET abbé de Saint-Gildas et Méobec, cons. d'Etat, aumônier du roi, prieur de Saint-Marcel, Saint-Etienne-d'Argenton, la Comtal, 3ᵉ fils de Pierre Nicquet et de Marie Doullé, mariés avant 1528, qui faisait les intérims et fit plus de cent-vingt voyages diplomatiques de France en Italie. Il mourut le 22 février 1580.

APPENDICE

Agents Diplomatiques Français a Alger (Cf. *Revue d'Histoire diplomatique*, 1888.)

BARTHOLLE (15 sept. 1564).
Maurice SEURON (12 fév. 1578-4 mars 1585), † 4 mars 1585.
Le P. BIONNEAU, (1585-1587).
Jacques de VIAS (1587-1627), conseiller maître des requêtes de la reine[1].

Agents Diplomatiques Français a Tunis (E. Plantet : *Corresp. des consuls de France et des Beys de Tunis*, t. I, Paris 1893, in-8°).

Louis DARICS, consul (1577).
Thomas MARTIN, consul (1581).
Antoine BORRELLI, v.-consul (1583).
Nicolas BORRELLI, v.-consul (1584).
Nicolas TEROSME, v.-consul (1592).
Philippe PENA, v.-consul (1592).
Thomas MARTIN, consul (1596).
Antoine LONICS, v.-consul (1597-1603).

---

[1] Jacques de Vias, fils de Bertrand de Vias et d'Agnès Dourgon, ép. Delphine de Sommaty, fut consul gén. à Alger, député de Marseille à Paris, auprès de Henri IV, en 1600 et 1610.